NEWGOTIATION PARA PROFISSIONAIS DE SAÚDE

**Vídeo de boas vindas
e apresentação do livro**

yann@newgotiation.com
frank.zerunyan@usc.edu
nazarethribeiro@nazarethribeiro.com

O vídeo também está disponível no canal do Youtube da Editora e para download no nosso site na página do livro. Acesse https://altabooks.com.br e procure pelo nome do livro ou ISBN.

NEWGOTIATION PARA PROFISSIONAIS DE SAÚDE

Checklist prático para preparar e solucionar negociações para profissionais da área da Saúde.

› Dra. **NAZARETH RIBEIRO**

› Dr. **YANN DUZERT**

› Dr. **FRANK ZERUNYAN**

ALTA BOOKS
GRUPO EDITORIAL
Rio de Janeiro, 2023

Newgotiation Para Profissionais de Saúde

Copyright © 2023 da Starlin Alta Editora e Consultoria Eireli.
ISBN: 978-85-508-1878-8

Impresso no Brasil — 1ª Edição, 2023 — Edição revisada conforme o Acordo Ortográfico da Língua Portuguesa de 2009.

Todos os direitos estão reservados e protegidos por Lei. Nenhuma parte deste livro, sem autorização prévia por escrito da editora, poderá ser reproduzida ou transmitida. A violação dos Direitos Autorais é crime estabelecido na Lei nº 9.610/98 e com punição de acordo com o artigo 184 do Código Penal.

A editora não se responsabiliza pelo conteúdo da obra, formulada exclusivamente pelo(s) autor(es).

Marcas Registradas: Todos os termos mencionados e reconhecidos como Marca Registrada e/ou Comercial são de responsabilidade de seus proprietários. A editora informa não estar associada a nenhum produto e/ou fornecedor apresentado no livro.

Erratas e arquivos de apoio: No site da editora relatamos, com a devida correção, qualquer erro encontrado em nossos livros, bem como disponibilizamos arquivos de apoio se aplicáveis à obra em questão.

Acesse o site www.altabooks.com.br e procure pelo título do livro desejado para ter acesso às erratas, aos arquivos de apoio e/ou a outros conteúdos aplicáveis à obra.

Suporte Técnico: A obra é comercializada na forma em que está, sem direito a suporte técnico ou orientação pessoal/exclusiva ao leitor.

A editora não se responsabiliza pela manutenção, atualização e idioma dos sites referidos pelos autores nesta obra.

```
Dados Internacionais de Catalogação na Publicação (CIP) de acordo com ISBD

Z96n    Zurinyan, Frank
           Newgotiation para Profissionais de Saúde / Frank Zurinyan,
        Nazareth Ribeiro, Yann Duzert. - Rio de Janeiro : Alta Books, 2023.
           288 p. ; 16cm x 23cm.

           Inclui bibliografia e índice.
           ISBN: 978-85-508-1878-8

           1. Administração. 2. Negociação. 3. Profissionais de Saúde. 4.
        Newgotiation. I. Ribeiro, Nazareth. II. Duzert, Yann. III. Título.

                                                     CDD 658.4
2022-3572                                            CDU 658.02
                Elaborado por Vagner Rodolfo da Silva - CRB-8/9410

                  Índice para catálogo sistemático:
                  1.  Administração : Negociação 658.4
                  2.  Administração : Negociação 658.02
```

Atuaram na edição desta obra:

Produção Editorial
Grupo Editorial Alta Books

Diretor Editorial
Anderson Vieira
anderson.vieira@altabooks.com.br

Editor
José Ruggeri
j.ruggeri@altabooks.com.br

Gerência Comercial
Claudio Lima
claudio@altabooks.com.br

Gerência Marketing
Andréa Guatiello
andrea@altabooks.com.br

Coordenação Comercial
Thiago Biaggi

Coordenação de Eventos
Viviane Paiva
comercial@altabooks.com.br

Coordenação ADM/Finc.
Solange Souza

Coordenação Logística
Waldir Rodrigues

Gestão de Pessoas
Jairo Araújo

Direitos Autorais
Raquel Porto
rights@altabooks.com.br

Produtor Editorial
Thales Silva

Produtores Editoriais
Illysabelle Trajano
Maria de Lourdes Borges
Thiê Alves

Equipe Comercial
Adenir Gomes
Ana Carolina Marinho
Ana Claudia Lima
Daiana Costa
Everson Sete
Kaique Luiz
Luana Santos
Maira Conceição
Natasha Sales

Equipe Editorial
Ana Clara Tambasco
Andreza Moraes
Arthur Candreva
Beatriz de Assis
Beatriz Frohe

Betânia Santos
Brenda Rodrigues
Caroline David
Erick Brandão
Elton Manhães
Fernanda Teixeira
Gabriela Paiva
Henrique Waldez
Karolayne Alves
Kelry Oliveira
Lorrahn Candido
Luana Maura
Marcelli Ferreira
Mariana Portugal
Matheus Mello
Milena Soares
Patricia Silvestre
Viviane Corrêa
Yasmin Sayonara

Marketing Editorial
Amanda Mucci
Guilherme Nunes
Livia Carvalho
Pedro Guimarães
Thiago Brito

Revisão Gramatical
Karina Pedrón
Simone Souza

Diagramação
Rita Motta

Capa
Marcelli Ferreira

Editora afiliada à: ASSOCIADO

ALTA BOOKS
GRUPO EDITORIAL

Rua Viúva Cláudio, 291 – Bairro Industrial do Jacaré
CEP: 20.970-031 – Rio de Janeiro (RJ)
Tels.: (21) 3278-8069 / 3278-8419
www.altabooks.com.br – altabooks@altabooks.com.br
Ouvidoria: ouvidoria@altabooks.com.br

Sobre os autores

Dra. Nazareth Ribeiro é graduada em Psicologia; especialista em Clínica e Educação, com títulos conferidos pelo Conselho Federal de Psicologia (CFP); diretora executiva da empresa APTA Psicoterapia e Neurofeedback; doutora em Business Administration pela ESC Rennes (França); especialista em Neurociência do Comportamento e Cognição; especialista em Neuromarketing; Mentoria de Carreira para Gestores e Líderes; Programação Neurolinguística (PNL); idealizadora e ministrante do curso Work-life Balance no pós-pandemia; especialista em Gestão de Mídias Sociais; supervisora clínica; coordenadora da equipe de psicólogos voluntários do atendimento por telemedicina do Aplicativo de Saúde Digital MG, de março de 2020 até setembro de 2021; professora de Gestão de Marketing em Saúde, Negociação e Administração de Conflitos, Desenvolvimento de Carreira e Ética e Responsabilidade Social para os cursos de Gestão para os MBAs da Fundação Getúlio Vargas (FGV) e para o Mestrado Internacional de Gestão em Saúde FGV/ISCTE.

Yann Duzert é autor de 26 livros de negociação e gestão de conflitos em vários países. Ele formou mais de um milhão de pessoas no mundo com cursos online e presenciais, em mais de 50 universidades mundiais, 100 empresas, governos e associações. Eleito dentro dos 100 melhores palestrantes do Brasil pelo Palestrantes.org. Post-Doctoral fellow of the MIT-Harvard Public Disputes Program (PDP). Doutor em Gestão do Risco da Informação e da Decisão pela ENS-Paris-Saclay. CEO de Newgotiation Clinic et PDG de Temperance. Professor associado na Rennes School of Business. Membro do Conselho Editorial do MIT Technology Review no Brasil.

Frank Vram Zerunyan é professor de Prática de Governança na Universidade do Sul da Califórnia (USC) e diretor de Educação Executiva no USC Price Bedrosian Center. Supervisiona o Corpo de Treinamento de Oficiais da Reserva da USC (ROTC) como diretor e Ligação Universitária para os Programas ROTC da Força Aérea, Exército e Reservas Navais dos EUA. Em 2008, Frank assumiu um papel de liderança na segunda maior organização municipal da Califórnia, servindo sete milhões de habitantes. Frank foi regulador estadual do Conselho Médico da Califórnia, no Departamento de Assuntos do Consumidor do Estado. Suas responsabilidades no Conselho Médico incluíam a promulgação de regulamentos, disciplina profissional e o orçamento de mais de sessenta milhões do Conselho Médico. Ministra palestras e conduz seminários de capacitação na sede da ONU, em Nova York e nos Fóruns da ONU em todo o mundo.

Agradecimentos

Agradecemos a todos os profissionais de saúde que, durante a pandemia, estiveram no front do enfrentamento ao Covid-19, que se arriscaram na linha de frente para cuidar dos pacientes e tiveram que negociar com sua família, sua equipe, sua instituição e com eles próprios, lidando com toda a incerteza de uma doença nova, sem precedentes; tiveram que administrar a falta de insumos e gerenciar a logística de suas instituições, suas clínicas ou hospitais, sejam eles públicos ou privados.

Agradecemos, em especial, a todos os alunos da Dra, Nazareth Ribeiro, profissionais de saúde, na maioria gestores, profissionais incríveis que colaboraram enviando seus cases de negociação em ambiente de saúde, que foram trabalhados em sua aula, autorizaram a divulgação neste livro, com revisão e adequação para atender ao formato a ser publicado. Certamente os cases são o ponto alto do livro, cases reais e seus verdadeiros *players* como negociadores atuando no cenário da saúde. Muitos cases maravilhosos foram enviados à Dra. Nazareth e autorizados por seus alunos a inclusão neste livro, porém, como a proposta era incluir apenas dez cases, nós tivemos que fazer um sorteio como critério. Os cases que não entraram neste momento, certamente farão parte de publicações posteriores. Cada um que ler este livro vai identificar seu case, e esperamos que vocês fiquem felizes com isso. Os nomes não foram citados, considerando o compromisso que foi feito com os alunos e seguindo a Lei Geral de Proteção de Dados (LGPD). Em uma próxima publicação, esperamos ter a oportunidade de apresentar ao nosso leitor outros cases que não entraram nesta obra.

Nossa eterna gratidão a todos vocês!

Agradecemos à Profa. Tania Furtado que prefaciou o nosso livro com tanto carinho.

Além disso, expressamos nossa mais profunda solidariedade aos que perderam entes queridos nessa pandemia, aos que tiveram suas vidas atingidas e todo o sofrimento que essa crise trouxe, e desejamos que todos possam se sentir acolhidos por nós neste momento tão crítico.

Nós, Nazareth Ribeiro, Yann Duzert e Frank Zerunyan, autores deste livro, agradecemos também às nossas famílias, aos nossos filhos, aos nossos amigos, que foram fundamentais em todo esse processo de construção deste livro, que nos acompanharam durante esse momento tão difícil em que precisamos, mesmo durante a pandemia, trabalhar em nossos projetos para manter nossa saúde emocional e financeira mesmo no formato online, em home office, onde nos sentimos privilegiados em poder continuar entregando nosso trabalho com qualidade e nos reposicionar, a eles nossa gratidão eterna por sua generosidade, amor e parceria!

Sumário

Prefácio	1
Apresentação	5
Introdução	13

UNIDADE 01
Cenário da área da Saúde — 21

UNIDADE 02
Newgotiation na Saúde — 29

UNIDADE 03
Cases reais
Apresentados por médicos (as) gestores de unidades de saúde pública ou privada com dilemas vivenciados em suas práticas — 51

UNIDADE 04

O que os health professionals newgotiators
devem saber sobre newgotiation para serem
líderes melhores   197

UNIDADE 05

Neurociência e soluções de mentoria para
melhor produtividade de busca de qualidade de
vida e bem-estar do negociador na área da saúde   229

Conclusão   255

Referências bibliográficas   265

Índice   271

Prefácio

Caros leitores:

Sabemos que, ao prefaciar um texto introdutório de uma obra (livro), o prefaciante descreve de forma sucinta o objetivo, sua estrutura e conteúdo, bem como discorre sobre os autores.

No entanto, espero que os leitores vejam neste prefácio que o grande segredo em negociar está nas mãos e competência dos que atingem, com sabedoria, o alcance de contemplar todas as partes! E esse processo é mostrado neste livro, de forma objetiva, na prática, a partir do cases apresentados e, com método!

E assim, sintam-se instigados a chegar até o seu final e comecem a ler o livro rapidamente, antes que saia o filme da obra em seriado, *podcast*, ou mesmo um programa de TV no YouTube. Pois essa é a nossa querida coautora, Nazareth Ribeiro: ela é inovadora, rápida no pensamento e nas decisões, e sempre nos contempla com novidades, que depois outras pessoas passam a seguir!

Nazareth, amiga de todos, docente e sempre muito homenageada como professora e profissional, psicóloga, leitora das mentes humanas. Pela afiada interpretação, plugando com os conceitos da

Neurociência e com o Neurofeedback a apoiar as novas tecnologias e a capacidade de plasticidade do cérebro para se ressignificar, enquanto pesquisadora e terapeuta.

Nazareth, onde caminha, deixa sua *passagem* com grande maestria e afetividade.

Os cases apresentados neste livro trazem uma visão real do que um (a) gestor (a), na área de saúde, vivencia em seu dia a dia e a complexidade de suas tomadas de decisão, especialmente nos cases desenvolvidos durante a pandemia, um momento tão delicado e complexo para todos nós, especialmente na área da saúde que é o foco deste livro, e foram conduzidos pela Nazareth com toques que só uma observadora perspicaz e uma autora e grande mentora poderia reunir.

Yann, um estrategista internacional, especialista em negociação, criou o método Newgotiation e com muitos livros de negociação já publicados em muitas línguas, traz toda a metodologia para mostrar como o processo de negociação pode ser mais bem conduzido quando se prepara bem, usa-se a metodologia correta; e Frank, autor convidado, com uma visão crítica e global sobre negociação, falou sobre como é crítico Newgociar, no contexto da saúde, que vale muito a leitura.

Resumindo, a leitura deste livro certamente vai agregar um enorme valor aos profissionais de saúde, que terão uma visão global da postura de um negociador em saúde, sua postura e seu lugar de tomador de decisão, e o fato de ter como autores três profissionais experientes na área, uma, a Nazareth, brasileira, CEO da APTA, uma clínica de sucesso com mais de 30 anos no mercado, professora de Negociação e Administração de Conflitos dos MBAs de Saúde da Fundação Getúlio Vargas e com doutorado em Business com ênfase em Liderança em Saúde; os outros dois, Yann e Frank, que trazem uma visão internacional da negociação, oferecendo, assim, uma visão multicultural muito importante para o posicionamento do negociador gestor em saúde.

Super recomendo a leitura!

Tania Furtado
Coordenadora dos MBAs em Serviços
de Saúde da Fundação Getúlio Vargas.

Apresentação

A área da saúde é bastante complexa, com muitas adversidades e importantes decisões a serem tomadas, as quais podem impactar direta ou indiretamente a qualidade de vida e bem-estar das pessoas, da instituição, da equipe, do usuário, das operadoras de saúde, da comunidade, especialmente se considerarmos a gestão na área da saúde, onde o gerenciamento dos processos, das estratégias, das demandas, das tomadas de decisão, da importância da capacitação nos processos em negociação são primordiais para que o sistema atenda às expectativas dos usuários, consumidores dos serviços em saúde em geral, e também dos *health players*, para manter o setor sustentável.

Nos últimos anos, os profissionais de saúde têm assumido cargos importantes e decisivos de gerentes e negociadores nas unidades de saúde, cargos esses que antes eram ocupados por gestores com formação administrativa. Sendo assim, os profissionais de saúde sentiram cada vez mais a necessidade de buscar formação especializada para sentirem um maior preparo para essa posição, buscando cursos de MBAs e outros cursos com menor carga horária, com foco na prática para aprender a tomar decisões baseadas em evidências. Inclusive, a pesquisa de tese de doutorado de uma das autoras deste livro, a Dra. Nazareth Ribeiro, entrevistou 393 profissionais de saúde, e a grande maioria dos respondentes da pesquisa confirmou essa questão, pontuando que precisam desenvolver habilidades para uma melhor tomada de decisão, baseada em evidências e negociação, além das habilidades emocionais, as conhecidas *soft skills* como relacionamento interpessoal, empatia, resiliência, comunicação e equilíbrio emocional.

A necessidade em falar de temas como negociação com profissionais de saúde desse porte, que estão em busca ou já estão à frente de um cargo de gerência em alguma unidade de saúde, dá-se pelo fato de que, geralmente, esses profissionais assumem cargos de confiança, com demanda de tomada de decisão importante, que vão lidar com fornecedores, com operadoras de saúde, com outros gestores de unidades de saúde, com sua equipe, com seus pacientes e usuários, e com eles mesmos e, por esse motivo, necessitam conhecer suas atribuições, a linguagem e postura adequadas para este novo cenário que se abre para ele (a) e, como líder, ele (a) precisa ter segurança e saber identificar as oportunidades do mercado para sua tomada de decisão que certamente irá impactar o sistema de saúde ao qual está inserido.

É preciso pensar em como diminuir os custos e desperdícios para reestruturar os padrões de ineficiência do sistema, tomar decisões para tornar o sistema mais sustentável e ainda entregar um serviço de qualidade. É um grande desafio para os negociadores gestores da área da saúde.

O gestor médico (a) precisa estimular o engajamento da equipe, buscando compartilhar quais são suas metas e objetivos a serem desenvolvidos e então efetivar seu planejamento estratégico, fundamentando as ações pelas quais esses processos serão desenvolvidos. Tendo uma postura agregadora, o líder mostra para seu time que todos são importantes, fazendo-os sentir como parte das operações.

O médico diretor vive sempre com o conflito a resolver sobre como diminuir custos mantendo a qualidade de entrega dos serviços, aumentar o engajamento da equipe e manter o usuário satisfeito.

Uma liderança inspiradora, com propósito, com escuta colaborativa e atenta ao seu time vai facilitar o processo das negociações a serem feitas, vai gerar valores em comum com seus liderados e então promover o "vestir a camisa".

É importante que o líder seja efetivo e afetivo, buscando resultados para a empresa, para a equipe e para o usuário.

O líder é o disseminador da cultura da organização, construindo uma visão mais ampla da empresa, do produto oferecido e da equipe.

A visão de liderança 360, aquela que envolve toda a equipe, que tem uma escuta colaborativa usando ferramentas de avaliação vertical, em todos os níveis da empresa gerando feedback, oferece um panorama geral dos papéis, ajudando a todos do time a terem uma visão mais clara do seu papel nas decisões, com uma visão mais ampla dos processos e da cultura da empresa, com um modelo de governança bem-estruturado que norteie as tomadas de decisão da gestão, independentemente do nível hierárquico, o que pode trazer uma complexidade maior do processo decisório, porém acarreta mais excelência e engajamento.

Um dos maiores desafios de uma empresa é manter a cultura ao longo dos tempos, inclusive, um dos indicadores apontados na tese de doutorado da Dra. Nazareth Ribeiro, como um bloqueador da autonomia na hora da necessidade de uma decisão urgente.

Lidar com os brios e vaidades da alta gestão para que exerçam o poder da escuta e não se deixem levar pelo ego, pensem em repartir os sonhos e, além disso, inspirem a equipe a sentir um senso de pertencimento e, então seguirem os processos com exemplo, motivando a todos os outros profissionais envolvidos a cumprirem com seu compromisso, alinhados com a instituição, sua equipe e seus usuários e com coerência pessoal. Essa é a grande missão de um profissional da área da saúde.

Apresentando brevemente os autores do livro, a Dra. Nazareth Ribeiro, psicóloga de formação, especialista em Programação Neurolinguística e Neuropsicologia, coordenadora responsável pela equipe de psicólogos voluntários da plataforma de atendimento online Saúde Digital MG (Projeto que atendeu, por telemedicina, a milhares de pacientes com Covid-19 e pós-Covid-19, sem que esses precisassem sair de suas casas, diminuindo assim a possibilidade de proliferação do vírus, de maio de 2020 a setembro de 2021), tese de doutorado sobre os desafios e as competências gerenciais de lideranças em gestão de saúde, um estudo de cinco anos que obteve um resultado bastante significativo sobre os desafios a serem superados por estes líderes no dia a dia em unidades de saúde, a convite de seu orientador Dr. Yann Duzert, decidiram que o resultado obtido nessa pesquisa poderia ajudar líderes e gestores em saúde em geral, a buscarem uma gestão mais focada em analisar os diversos contextos em que o profissional de saúde se coloque em situação de negociação, seja ela simples ou complexa, para então abrir uma reflexão sobre como ajudar esses líderes a obterem melhores resultados, buscando desenvolver um melhor perfil de negociador, conhecendo seus estilos gerenciais de negociação e do processo decisório e ainda os preceitos éticos e morais predominantes em determinada cultura, região ou país em que a unidade de saúde encontra-se estabelecida.

A ênfase na figura do líder negociador em saúde faz-se urgente para que ele (a) pense na sustentabilidade do sistema de saúde em que está inserido de forma plena, atual e holística, usando o seu próprio cuidado como reflexo e referência de suas crenças e valores sobre o valor em saúde, para ter a admiração de seu time, aqueles que vão executar seu comando e vão buscar entregar o melhor valor, "vestindo a camisa" da empresa e buscando uma cultura de entrega de valor e qualidade, mas que pense no quanto é importante a saúde da própria equipe, para que ela desempenhe suas funções com o propósito de encantar seus clientes, de realmente fazer diferença na vida do outro.

O Professor Yann Duzert, um estrategista negociador com muita experiência internacional em negociação com empresas de sucesso, traz como contribuição sua visão prática e crítica sobre a atuação de um gestor em uma organização de saúde, pontuando que esse gestor, assim como um líder em qualquer outra área de atuação, precisa tomar decisões gerenciais e apresentar resultados para sua empresa.

No sentido de ampliar essa atuação, foi convidado o Professor Frank Zerunyan, especialista em governança público-privada internacional e programas de liderança, que imediatamente aceitou o nosso convite.

Os três autores, cada um com sua expertise e prática de mais de vinte anos de mercado, juntos apresentam uma visão multidisciplinar do contexto corporativo e do perfil do líder em saúde de modo geral e esperam oferecer a esse (a) líder um olhar otimista de como, com informação especializada e foco no desenvolvimento de suas competências gerenciais e emocionais, ele (a) pode ser um líder melhor!

Considerando que esse gestor (a) pode ser treinado (a) e desenvolvido (a) para se posicionar de uma maneira mais assertiva, motivadora, proativa, solidária, engajada e empática para seu time e seus colaboradores, o que certamente resultará em melhores resultados para a empresa, a equipe e, consequentemente, para os usuários e para a sociedade como um todo.

Seguindo a metodologia de Negociações Complexas denominada de Newgotiation – um novo modelo de negociação, agregado a conceitos da neurociência já utilizada pela Dra. Nazareth Ribeiro, em sua clínica, para o desenvolvimento de competências gerenciais essenciais para um líder, além de considerar o aspecto emocional, primordial para o equilíbrio de qualquer profissional que deseja se destacar num cenário tão complexo e competitivo.

Nosso leitor vai perceber ao longo do livro que iniciamos nossos escritos em 2019 e, quando estávamos no meio desta produção, em 2020, a pandemia nos pegou a todos e com isso não poderia ser diferente e, então, muitos dos cases e relatos deste livro foram influenciados por essa grande crise mundial. Crise essa que impactou diretamente o cenário mundial da saúde, tema central do nosso livro.

Com isso, pensamos que um Newgotiator que conseguir fazer negociações neste momento tão diverso e emergencial que a

Covid-19 trouxe a todos nós no âmbito pessoal e profissional, então ele certamente será um bom Newgotiatior quando tudo isso passar, e vai passar!

E desejamos, sinceramente, que nosso livro possa agregar de forma positiva ao nosso leitor!

Convidamos então, você, profissional da área da saúde, a fazer esta viagem conosco, por estas páginas que nós preparamos para você com tanto carinho e dedicação!

Introdução

O perfil do profissional atual, especialmente o da saúde, que lida com toda adversidade no seu ambiente, com exigência de tomada de decisão que poderá impactar diretamente a vida e bem-estar de outras pessoas, visando resultados positivos para sua organização, precisa ter foco na liderança de equipes, na negociação, na resolução de conflitos, no relacionamento com o time, na inteligência emocional dos integrantes da equipe, além de conhecer a técnica e o gerenciamento de processos, e além disso, buscar sustentabilidade, não só da empresa, mas também de sua qualidade de vida e bem-estar para lidar com toda a diversidade de tarefas e de emoções envolvidas nesse processo, além da habilidade social, escuta colaborativa e empatia, já que um líder saudável e equilibrado emocionalmente é um líder que ficará ativamente saudável e disponível para engajar seu time por mais tempo e com mais qualidade para influenciar e ser um modelo a seguir por seus liderados.

Os seres humanos estão sujeitos a emoções contaminadas, e são esses considerados como fatores recorrentes no ambiente empresarial, ambientes tóxicos, onde as pessoas estão se sentindo pressionadas por metas e deadlines, por isso os autores consideram que buscar equilíbrio emocional é tão importante quanto buscar conhecimentos técnicos, já que os estados emocionais podem impactar tanto o sucesso como o fracasso de uma organização (GOLEMAN, 1999 apud MOREIRA, 2017). Pensando nessa linha, não poderia ser diferente com os profissionais de saúde.

Com a evolução da ciência, da psicologia e da psiquiatria, diferentes formas para determinar o sucesso das organizações têm sido estudadas e discutidas nos meios acadêmicos, corporativos e institucionais, por autores, neurocientistas, educadores. E foi então que a inteligência emocional e o poder do autocontrole tornaram-se fatores imprescindíveis e mensuráveis. Onde sabemos que o controle das emoções traz transformações significativas para o ambiente profissional e familiar, uma vez que o indivíduo com o QE (coeficiente emocional), trabalhado e equilibrado, torna-se mais responsável pelo seu próprio bem-estar e das pessoas que o cercam; portanto, ele (a) é mais empático (a), mais conectado (a) com o bem-estar de todo o sistema, sua empresa, seu time, seus usuários e o si próprio, estando assim mais disposto (a) a desenvolver suas habilidades necessárias para uma mudança da cultura organizacional e no meio social onde vive (GOLEMAN, 1999 apud MOREIRA, 2017) e para motivar o desenvolvimento de sua equipe, controlar os possíveis conflitos de forma inteligente e resiliente, mostrando assim mais segurança e autoconfiança, agregando valor ao resultado final que seria, no sistema de saúde, a melhor assistência ao paciente, foco na saúde, na qualidade e no valor entregue e da sustentabilidade de seu sistema.

As emoções têm o poder de envolver, de contagiar as pessoas, tanto de forma positiva como negativa, as quais são chamadas de relações tóxicas. São sentimentos que podem ativar emoções angustiantes, limitantes e desconfortáveis aos membros de uma equipe, criando um ambiente organizacional não favorável para a construção e resultados positivos do sistema. As emoções negativas, nocivas, padrões de comportamento que são aprendidos pelo nosso cérebro e então repetidos em nossas diferentes ações cotidianas são contaminadas da mesma maneira de como quando contraímos uma infecção viral. Toda e qualquer interação gera o que chamamos de economia emocional, que consiste em ganhos e perdas vivenciadas pelas pessoas envolvidas no relacionamento, seja ele pessoal ou profissional, onde a pessoa pode absorver o lixo tóxico exercido pelo outro (a) e então ativando circuitos que despertam as mesmas emoções negativas (ASSAD, 2019).

Dessa forma, a postura do líder e a forma como ele (a) lida com as adversidades no ambiente corporativo, mesmo se considerarmos o setor da saúde e em sua vida pessoal, torna-se cada vez mais importante, buscando administrar o fator emocional e o peso de suas decisões cotidianas para a construção de um bom ambiente empresarial.

Essa nova visão de perceber o contexto corporativo, especialmente o sistema de saúde, leva a crer que os profissionais que ocupam cargos de liderança precisam apresentar habilidades para lidar com suas emoções, aquelas que hoje chamamos de *soft skills*; assim, além de suas habilidades técnicas e gerenciais (*hard skills*), eles (as) terão melhor manejo nas relações interpessoais, motivando mais seu time e, consequentemente, conseguindo maior adesão aos seus projetos (CURY, 2006 apud MOREIRA, 2017).

Além disso, precisam estar conectados com informações atualizadas e buscar tecnologia e ferramentas da inteligência artificial, como o *Business Intelligence* (BI) que são essenciais para os processos de tomada de decisão baseada em evidências.

A neurociência, quando aplicada à gestão de pessoas, desenvolve a aderência e a produtividade do indivíduo, oferecendo ferramentas potencializadas para o desempenho das atividades no trabalho, comparado à própria psicologia empresarial (TIEPPO, 2015 apud BATTI e SARTOR, 2017). A neuroliderança vem sendo uma poderosa ferramenta que as empresas têm utilizado para formar e desenvolver seus líderes e gestores.

Estudos da neurociência trouxeram o conhecimento de que, de acordo com a ativação dos sistemas neurais, atividade do cérebro, treinamentos cognitivos podem ser realizados buscando desenvolver um equilíbrio entre as áreas cerebrais responsáveis por funções importantes para desenvolver tarefas, engajamento, tomada de decisão, comunicação, empatia e relacionamento. São os chamados processos automáticos, que estão localizados na região frontal do cérebro, conhecidos como "área executiva", área responsável pelo planejamento, organização, criatividade e relacionamento (CESAR *et al*, 2012(2)).

A evolução dos estudos na área da neurociência possibilitou uma maior compreensão do sistema nervoso central do ser humano, o simpático e o parassimpático e, de como eles podem, na hora de uma situação de estresse, por exemplo, impactar a tomada de decisão e no equilíbrio, informações preciosas para o direcionamento da melhoria do desempenho nas organizações. Saber como funciona a mente, o cérebro e o corpo envolve a estrutura do comportamento humano como um todo em uma dinâmica organizacional e isso nos leva a pensar uma forma mais holística, mais multidisciplinar de se perceber o líder gestor, o negociador, como uma pessoa que precisa tomar decisões, mas também uma pessoa que precisa se cuidar, olhar para si.

O estudo e aplicação da neurociência no contexto corporativo pode viabilizar o acesso ao desenvolvimento cognitivo, além dos pensamentos e ações na metodologia organizacional, agregando informação, técnica e estratégias para construir um comportamento de liderança e cooperação mais assertivo. Os conceitos da neurociência nas organizações poderão viabilizar uma visão mais ampla sobre os problemas existentes na empresa e os que poderão surgir. (BECKER & CROPANZANO, 2010; BERGUÉ, 2010 apud FACHINELLI *et al.*, 2013). O que pode ajudar na gestão de risco, prevenção e solução de possíveis problemas.

Os usuários de serviços de saúde precisam de soluções ágeis, que visem resultados que possam contribuir para sua qualidade de vida e bem-estar, o que considerando pelo prisma de um investimento na prevenção de saúde, pode reduzir os custos, o que significa qualidade com custos baixos. É o que todo líder deseja alcançar, escolhendo seu modelo de pagamento e remuneração, compras e contratação e, sobretudo, manter a entrega com qualidade e valor ao usuário do sistema. O cuidado centrado no paciente deve ter como foco a melhoria da qualidade do sistema de saúde. Todo esse processo deve fazer parte da visão de um líder negociador em saúde, seja seu sistema público ou privado, sendo de pequena ou alta complexidade, sempre respeitando as regras de governança e *compliance* da empresa.

Considerando o contexto no cenário da pandemia, muitas fragilidades foram expostas no setor da saúde. Além de todos os riscos que uma crise como essa traz à saúde, à qualidade de vida, ao bem-estar, e perdas econômicas, tivemos que lidar com uma tremenda falta de insumos necessários para atender a demanda que surgiu: falta de leitos, falta de Equipamentos de Proteção Individual (EPI's), falta de respiradores, falta de medicamentos, falta de profissionais de saúde qualificados e falta de oxigênio.

Esperamos que nosso livro possa ajudar a abrir uma reflexão sobre como um líder pode se posicionar melhor para ser um bom negociador, um tomador de decisões, usando as ferramentas que serão aqui apresentadas. Uma forma moderna de negociar, o Newgotiation.

Desenvolva habilidades de negociar, aprendendo formas mais eficientes de se posicionar frente ao seu interlocutor, com postura segura e eficiente! Tenha uma identidade de negociador!

O livro será dividido em cinco unidades para melhor organização dos assuntos abordados.

O objetivo deste livro é, na **UNIDADE I:** abrir uma reflexão sobre a complexidade do sistema de saúde como governança colaborativa e traçar o perfil do líder de saúde ideal; **UNIDADE II:** Newgotiation na saúde, governança colaborativa, *compliance* e ética; **UNIDADE III:** citar cases reais de negociação na área da saúde para que o leitor possa ter uma visão desse contexto e então perceber como o gestor/líder/negociador precisa se preparar para tomar melhores decisões de forma técnica, seguindo regras de governança e *compliance*; **UNIDADE IV:** O que os Health Professionals

Newgotiatiors devem saber para serem melhores líderes – Como resolver os problemas e, em **UNIDADE V:** Neurociência e Soluções de Mentoria para melhor produtividade e busca de qualidade de vida e bem-estar do negociador na área da saúde, mostrando que é preciso que ele (a) próprio (a) cuide de sua saúde física e mental, é o cuidar-se para cuidar, e como é possível fazer isso considerando os mais atuais conceitos de treinamento para líderes no mercado corporativo. Mostrando como buscar soluções para promover tomada de decisão, escuta ativa, governança colaborativa e, qualidade e bem-estar do líder em saúde, como indicadores fundamentais para um bom Newgotiator.

O objetivo primordial deste livro é abordar o cenário de saúde e seus problemas cotidianos vivenciados pelos profissionais de saúde de forma simples e objetiva para que estes profissionais, nossos leitores, sintam uma identificação com o contexto em que trabalham. Para tal, vamos apresentar por meio de alguns cases reais desenvolvidos por gestores convidados alguns dilemas reais vivenciados tendo como olhar de gestores de saúde que ocupam ou já ocuparam cargos de liderança no sistema público e/ou privado.

Essa explanação foi feita na **UNIDADE III,** por meio de alguns cases reais desenvolvidos por gestores convidados, que os enviaram à Dra. Nazareth Ribeiro, que os revisou e adaptou para inclusão neste livro.

Para que o leitor possa se imaginar no lugar de negociador, apresentaremos conceitos de Newgotiation para ajudá-lo a se orientar em suas próximas tomadas de decisão.

Apesar deste livro não desejar entrar em discussões nas áreas de economia e política, pode ser que algum case faça menção a essas ou outras áreas para ilustrar o contexto inserido, já que o perfil dos líderes escolhidos tem foco na gestão, porém, mais uma vez, é importante pontuar que não temos intenção de entrar nesse tipo de impasse e discussões.

UNIDADE 01

CENÁRIO DA ÁREA DA SAÚDE

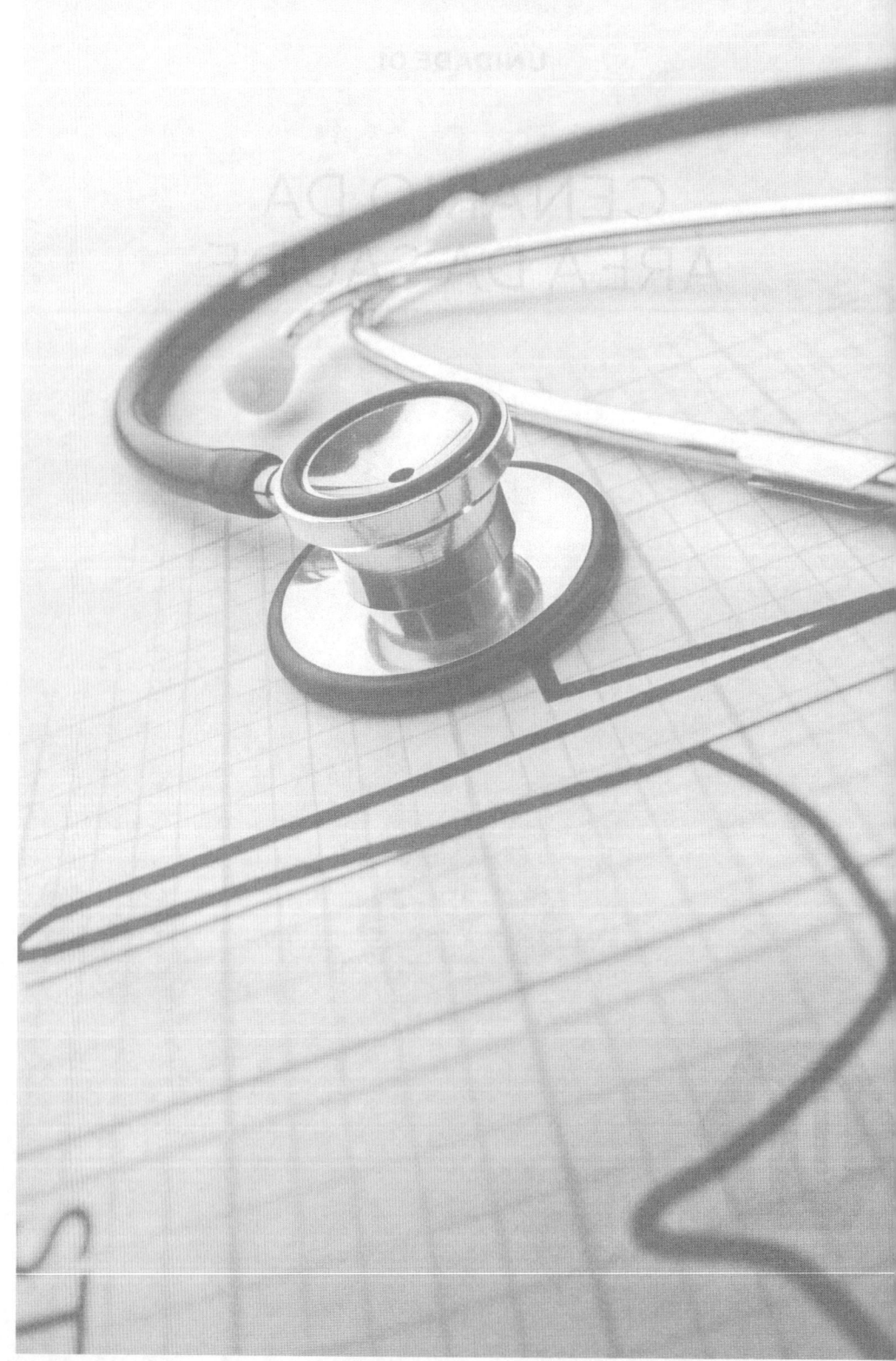

No meio do desenvolvimento deste livro, deu-se início a uma pandemia mundial, o novo coronavírus, chamada de Covid-19, uma crise mundial, que impactou terrivelmente a rotina de todos, especialmente a vida dos profissionais de saúde. Em março de 2020, foi decretado o início da quarentena. Todos tiveram que ficar em isolamento social, dentro de suas casas; porém, muitos profissionais de saúde não puderam fazer isolamento social; seu serviço é a essencial para que as pessoas sejam tratadas e para que outras não sejam infectadas! Muitos foram para o front, na linha de frente do enfrentamento da Covid-19.

O caos se instalou, pois, além de não ter ainda um protocolo de atendimento e diagnóstico para os pacientes infectados, por ser uma doença nova, que nem os especialistas tinham informação, os insumos também não eram suficientes para a demanda que aumentava, e os leitos dos hospitais ficaram tomados! Deu-se início a uma corrida para negociação e compra de insumos, tais como seringas, luvas, máscaras e para a instalação de hospitais de campanha, na tentativa de atender aos pacientes infectados. As pesquisas também se aceleraram na direção de uma vacina que conseguisse conter o vírus!

Tudo isso traz insegurança, medo, incertezas, ansiedade, perda de emprego, alunos sem aulas, comércio fechado, enfim, o que esperávamos é que todos pudessem fazer a sua parte, e que tudo isso passasse logo. Mas o tempo foi passando, e a pandemia demorou mais do que prevíamos!

Durante essa crise, muitos processos de negociação foram necessários na área da saúde, com isso, alguns cases nesse cenário também serão citados. Médicos e enfermeiros do mundo todo foram tomados de uma sobrecarga emocional e desgaste físico, além de todo o risco iminente em ter que lidar no front dos atendimentos aos infectados pelo vírus.

Cada um de nós teve que se readaptar, flexibilizar, ser criativo, reaprender e mudar hábitos e métodos de rotina para estabelecer um critério de trabalho durante essa crise e, principalmente, gerenciar as emoções decorrentes da imprevisibilidade e incertezas durante a pandemia.

As aulas, os cursos, os atendimentos, todos tiveram que ter uma nova roupagem. Os usuários, sejam alunos ou pacientes, tiveram que receber nosso produto/serviço de uma outra forma, via plataformas digitais, de forma remota. Alguns tiveram resistência no início, mas a falta de opção deu lugar a uma adaptação e a uma nova forma de contato, o contato mediado por computador, que já era uma tendência faz tempo, mas que, nesse momento, fez-se urgente e contingente para alguns profissionais de saúde, como uma das autoras deste livro, a Dra. Nazareth, que já fazia atendimentos online e que, durante a pandemia, teve nesse formato, o único possível para dar continuidade ao tratamento de alguns pacientes. Foi em meio a essa grande crise mundial que um assunto também bastante polêmico entre a comunidade médica teve seu auge, a telemedicina, que será apresentada durante o livro em um dos cases de negociação apresentado.

O mercado da área de saúde, cada vez mais competitivo, exige profissionais que saibam lidar com gerenciamento de tarefas, liderar equipe, organizar e planejar prazos, definir metas e estratégias, analisar custos e logística, negociação de salários e honorários com empregador e pacientes, ou seja, que sejam capazes de fazer a gestão do sistema da melhor maneira.

A falta de técnica de negociação e o conhecimento de que posicionamento o profissional de saúde deve ter para melhor se colocar e perceber sua formação, não só como assistencial, mas como um negócio, fazem com que muitos profissionais de saúde tenham melindres[1] na hora de negociar o reajuste de uma consulta, um procedimento ou algum insumo. Esses profissionais têm dificuldade em reivindicar o valor que pensam ser justo. A maneira de falar, modo, evidências, dados e elegância moral podem ajudá-los nesse caminho.

Por que será que alguns médicos são processados e outros não? A judicialização vem aumentando cada vez mais, e o acesso às plataformas digitais de informação podem ter ajudado nisso. E como o profissional, além das competências técnicas, deve se portar no atendimento com seu paciente para evitar passar por uma situação de tanto desgaste? Já pensou sobre isso?

Esperamos poder contribuir com esta leitura para o desenvolvimento de profissionais em saúde, para que o resultado em seu

---

[1] Sentimento de vergonha.

trabalho e em sua vida pessoal, seja pautado na entrega de qualidade e valor para ele (a), sua instituição, seu time e seu usuário!

Todos desejamos voltar à nossa rotina o mais breve possível, estarmos todos seguros, mas como será nossa rotina depois de toda essa crise? O que terá mudado durante a pandemia que se manterá no pós-pandemia? São perguntas para as quais ainda não temos respostas! O que esperamos é que toda a adaptação, que todos tivemos que fazer, seja útil para alguma coisa, e que todos tenhamos aprendido algo de bom para a sociedade com toda essa dificuldade!

Estamos vivendo um estrangulamento, um colapso do sistema de saúde devido à pandemia de Covid-19 e, é claro que sabemos que a crise econômica já afetava o sistema faz tempo; as operadoras de saúde sentiram muito esse reflexo, perderam milhões de usuários, muitos tiveram que optar em suprir suas necessidades básicas de sobrevivência a terem acesso a médicos credenciados. Com isso, o SUS (Sistema Único de Saúde) ficou sobrecarregado. Vivemos a experiência de receber cotidianamente ligações de telemarketing e e-mails de operadoras de saúde, oferecendo planos de saúde mais acessíveis, uma concorrência acirrada e um investimento em marketing para reter e fidelizar seus usuários.

Apesar de toda essa onda de negociações e perda de mercado que vem acontecendo nos últimos anos devido à crise econômica, a qual se arrasta durante anos, em 2020, com a pandemia, todo o sistema de saúde ficou no foco das discussões. Insumos, logística, leitos, saúde baseada em valor, considerando o custo-benefício, buscando entregar maior valor ao paciente e o resultado da melhoria do sistema de saúde direcionado à satisfação do cliente com o serviço entregue. Neste momento de crise, estamos vivenciando uma situação crítica, onde a prevenção não está sendo possível. Como íamos nos preparar para algo desconhecido e imprevisível como uma pandemia? Estamos apagando fogo o tempo todo e buscando aprender com as experiências na linha de frente do enfrentamento da Covid-19, condutas e manejo clínico internalizado a cada atendimento, a cada reação positiva ou negativa por pacientes infectados, a cada informação científica publicada nas mídias e nos artigos científicos que também atenderam à aceleração das decisões ágeis e em tempo recorde estão sendo compartilhados.

Neste momento, dia 17 de janeiro de 2021, domingo, quando estou aqui revisando esta unidade para este livro, sentimos, todos no Brasil, uma sensação de alívio!

Dia histórico para todos nós, brasileiros, que acreditamos na ciência e que temos esperança de que a pandemia passe logo!

Agora, com a vacina aprovada pela Agência Nacional de Vigilância Sanitária (ANVISA) para uso emergencial da CoronaVac, fabricada e desenvolvida pelo Instituto Butantan com a farmacêutica Sinovac, e da vacina desenvolvida pela Oxford, em parceria com o laboratório AstraZeneca, pela Fundação Oswaldo Cruz, precisamos agora ter a consciência de que precisamos continuar seguindo os protocolos de segurança: usar máscara, álcool gel, manter o distanciamento social, porque o primeiro passo foi dado com o início da vacinação, mas a pandemia não acabou!

Penso que muitas práticas aprendidas durante esta crise ainda vão continuar por um tempo!

Viva a saúde, viva a ciência, viva os profissionais de saúde **all around the world** e viva a cada um de nós que abdicou de muitas coisas durante estes meses, e um abraço afetuoso para os que perderam entes queridos!

Estamos entrando em uma nova fase!

Esperamos que toda esta crise nos ensine, a cada um e, especialmente aos tomadores de decisão, aos líderes, a pensarem no coletivo, no bem-estar da comunidade, na sustentabilidade do sistema, seja ele qual for, e pensar que a prevenção e o investimento em educação e saúde é a melhor saída!

UNIDADE 02

NEWGOTIATION NA SAÚDE

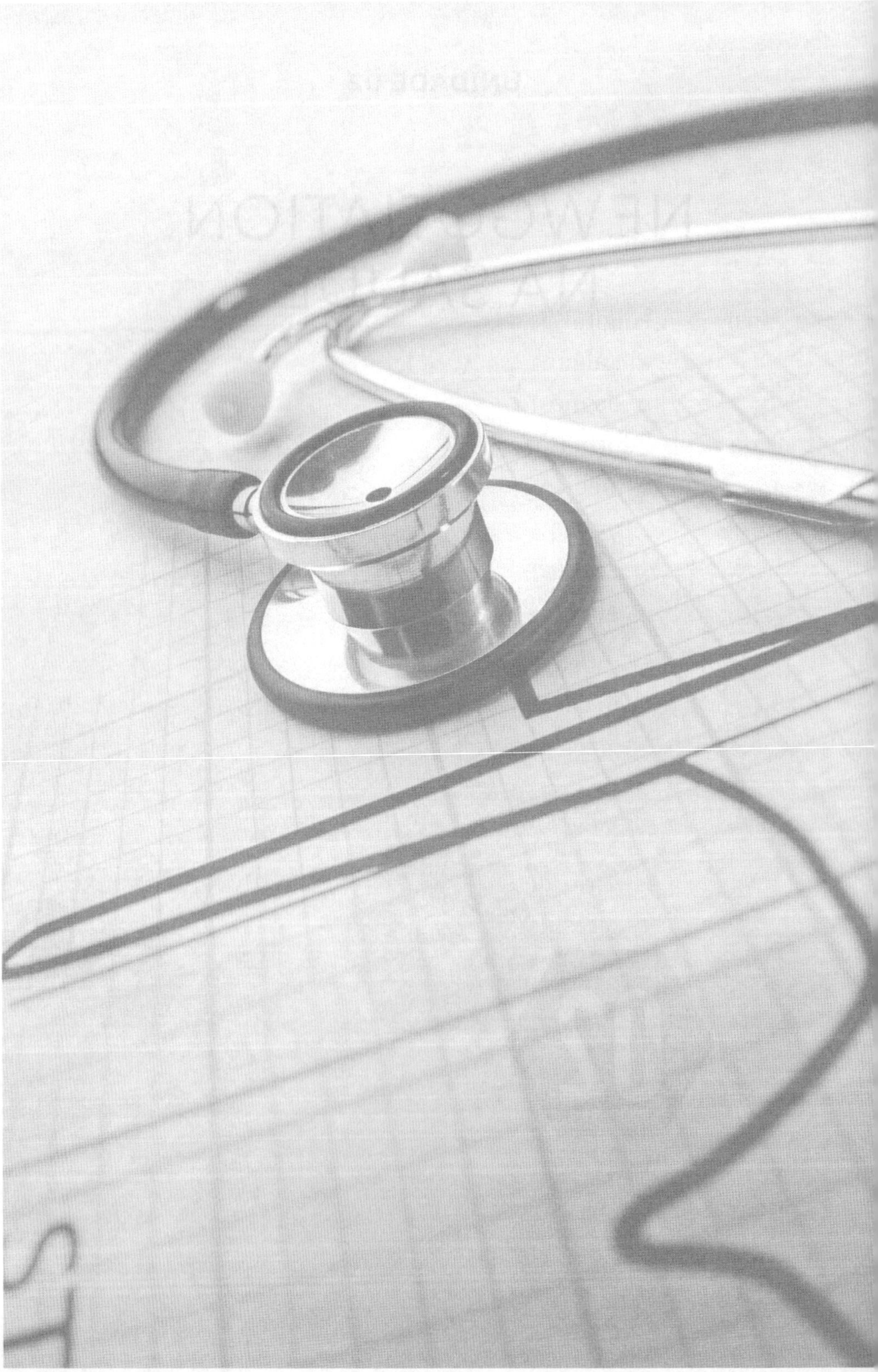

Na nova era digital, as pessoas têm mais influência que os especialistas. Em alguns casos, dão um Google e chegam aos consultórios com o diagnóstico e protocolos de tratamento prontos. Consideram a informação tão relevante, que, muitas vezes, argumentam com seu médico. Nesses casos, o profissional de saúde precisa ter jogo de cintura para negociar de forma elegante com seu usuário. Como ter influência democrática horizontal e autoridade vertical do especialista?

A franqueza amigável, o momento de administrar o sentimento de impotência do paciente. Como lidar com o ego, rebelião, medo, o embate entre o que o paciente deseja?

Na saúde, existem várias empresas funcionando e girando o sistema ao mesmo tempo, fazendo os processos rodarem, com uma complexidade ímpar e, quanto mais preparado os gestores estiverem, melhor será o resultado para a organização e para o usuário!

O conhecimento, a informação e o preparo dos negociadores em lidar com toda adversidade do sistema de saúde vão impactar a tomada de decisão e a superar os desafios de todo este ecossistema de saúde que precisa estar preparado para a gestão de riscos e planejamento estratégico para solucionar problemas de forma ágil.

O líder em saúde precisa ter identidade, para ter visão crítica e então inovar! E quanto mais sua visão for coerente com a visão e missão de sua empresa, melhor resultado ele apresentará!

Estamos vivendo um momento sem previsibilidade, como ter visão estratégica num cenário em que não se sabe o que virá?

O líder precisa ter a capacidade de adaptação e flexibilidade aceleradas para se reposicionar rapidamente com positividade e puxar seu time!

Este estilo de líder, o Newgotiator, toma suas decisões pautado na identidade, interesse e cognição. Ele considera o contexto e precisa ter decisões ágeis e apresentar soluções sustentáveis para sua empresa e para os usuários de seu serviço.

Como evitar confrontos, como negociar com o governo, com associações de médicos, hospitais, conflitos sobre custos de reembolso, sobre falta de insumos para atender a demanda dos pacientes contaminados, o estrangulamento do sistema de saúde sem leitos e sem equipe técnica suficiente e preparada para atender a todos durante a Covid-19? Esse foi o cenário com o qual nos deparamos!

E os conflitos de interesses entre lucratividade e cuidados da saúde da população num momento de crise como este podem ser razoáveis? Como a falta de insumos foi negociada com os fornecedores durante a pandemia? Como evitar confrontos desnecessários que não levam a uma solução ganha-ganha e impede a possibilidade de novos acordos no futuro? Negociar com associações, fornecedores, operadoras, equipe, usuários, hospitais, governo e com você mesmo o tempo todo, este é o ritual cotidiano de um gestor em saúde!

Estes e muitos outros dilemas foram vivenciados pelos gestores líderes em saúde!

Quando pensamos em escrever este livro e quando iniciamos, não imaginávamos que seríamos surpreendidos por uma pandemia! Não tínhamos sequer a noção do que estava por vir!

Para desenvolver este capítulo, eu, Nazareth Ribeiro e Yann Duzert convidamos um amigo e profissional bastante capacitado para falar sobre o tema. Foi muito importante tê-lo neste livro para transmitir sua visão internacional sobre o contexto explorado aqui. Para ficar mais próximo do nosso leitor, vamos manter sua escrita na primeira pessoa, como ele nos enviou sua colaboração via e-mail e, como veio em inglês, foi traduzida por mim, Nazareth Ribeiro, que já me desculpo caso tenha algum erro. Vou tentar ser o mais fiel a seus pensamentos.

Padrões de Ética Médica, Lei e Regulamentação e o Interesse Público

por Frank Vram Zerunyan, J.D. LL.D. (hc)[1]

> *"A lei fundamental do ser humano é a interdependência. Uma pessoa é uma pessoa por meio de outras pessoas."*
>
> Arcebispo Desmond Tutu

---

[1] J.D = *Juris Doctor* ou Doutor em Jurisprudência; LL.D. = *Latim Legun Doctor* ou Doutor em Direito *Honoris Causa.*

Neste capítulo, considero a ética uma disciplina legal e reflexiva, usada para resolver conflitos de bem público. O interesse público pelo bem exige que aqueles que atendem ao público em profissões críticas, tais como os profissionais da saúde, sigam os padrões éticos, leis e regras éticas conhecidas para se integrar às normas sociais e às estruturas jurídicas existentes. Por sua vez, o interesse público depende da boa governança para a execução e aplicação adequadas dessas leis.

Introdução

Este capítulo discute o interesse público e os padrões éticos, leis e regras que afetam determinados fatores. Em meu capítulo para um livro chamado *Next Generation Ethics*, analisei duas profissões muito públicas e privadas necessárias para os humanos e a sociedade civilizada em que vivem. Embora possam estar no setor privado, seus serviços são essenciais para a governança, políticas e o bem público.

Eu sou abençoado por ter feito parte dessas duas profissões em funções diferentes. Eu sou um advogado. Meu doutorado é em Direito/Jurisprudência. Tenho licenças para exercer a advocacia na Califórnia, nos tribunais federais dos Estados Unidos e na Suprema Corte dos Estados Unidos da América. Pratiquei Direito por mais de duas décadas antes de aceitar um cargo de tempo integral na University of Southern California. Eu sou um ex-governador nomeado pelo governador Arnold Schwarzenegger para o Departamento de Assuntos do Consumidor da Califórnia. Tive a honra de representar os 38 milhões de consumidores de medicamentos do estado no

Conselho Médico da Califórnia como representante público. Por fim, sou um formulador de políticas em nível local e estadual por mais de 25 anos, como membro do conselho municipal e prefeito de Rolling Hills Estates, Califórnia. Concentrei-me em Medicina, Direito e Políticas Públicas devido às minhas experiências pessoais e desafios profissionais compartilhados enquanto servindo ao público e seus interesses.

O interesse público

O direito e as profissões médicas afetam diretamente as pessoas, assim como o interesse público, leis e regras a essas pessoas. Não são áreas que podem ser apenas centros de lucro, como outras empresas em outras áreas. Para ilustrar meu ponto de vista, posso citar o que o ex-presidente da Suprema Corte da Califórnia disse: "O título de profissional exige que, na prática diária, um advogado se esforce para transcender as demandas do momento para considerar o bem maior. Os advogados não são simplesmente representantes ou funcionários de seus clientes – são funcionários do tribunal. Essa denominação nos lembra que as obrigações de um advogado fluem não apenas para o cliente, mas para os tribunais e para o sistema de justiça do qual são partes integrantes." E assim também o é o profissional de saúde.

Além disso, o ex-juiz da Suprema Corte Unida certa vez escreveu: "Certamente, a vida de um advogado é um pouco mais complexa hoje do que era há um século. As pressões cada vez maiores do mercado jurídico, a necessidade de cobrar seus honorários, o mercado para o acesso a seus clientes e atender aos resultados financeiros dificultam bastante o cumprimento das responsabilidades do serviço comunitário e social. Mas o serviço público marca a diferença entre um negócio e uma profissão. Embora uma empresa possa se dar ao luxo de se concentrar apenas nos lucros, uma profissão não pode, e não deve. Ela deve se dedicar, em primeiro lugar, para com a comunidade a qual é responsável por servir. Não posso imaginar nenhum dever maior do que cumprir essa obrigação. E não posso imaginar nenhum prazer maior."

Essa distinção promove a necessidade de um comportamento consciente e responsável por parte dos servidores públicos, médicos e advogados, sem prejuízo legal do usuário. Neste capítulo, no entanto, vou me concentrar na profissão médica, que é o foco deste livro, sua responsabilidade na governança geral e em parte do trabalho colaborativo e transformador que fiz no Medical Board of California (MBC). Nesse contexto, os profissionais médicos não são diferentes dos advogados que atendem ao interesse público.

Certa vez, escrevi: "A ética clínica é a disciplina ou método para considerar as implicações éticas de políticas, práticas e aplicação de tecnologias com ênfase no que deve ou não ser feito na prestação de cuidados de saúde." A lei é o estabelecimento e a aplicação de regras sociais de conduta ou não conduta, cujas violações criam responsabilidade civil ou criminal para o profissional médico. Em outras palavras, o que o profissional médico deve ou não fazer para evitar alguma forma de punição.

O Conselho Médico da Califórnia e a Lei de Prática Médica

Na Califórnia, essa lei sobre responsabilidade civil é dividida em duas categorias distintas. A responsabilidade civil, geralmente, é uma transação entre um médico e um paciente. Por outro lado, a Lei da Prática Médica orienta a responsabilidade profissional do profissional médico em público. No primeiro caso, a constatação de mera negligência pode gerar responsabilidade para esse profissional médico. A compensação do paciente lesado é o remédio típico. Neste último caso, negligência grave, fraude ou conduta antiética intencional pode acarretar desde uma carta de repreensão até o impedimento de continuar a praticar a medicina.

A responsabilidade do profissional médico, dependendo da escala da gravidade do erro cometido, pode incluir desde uma carta de reprimenda até o impedimento de exercer a medicina novamente.

A missão da MBC, uma agência de proteção ao consumidor na Califórnia, "é proteger os consumidores de serviços de saúde por meio do licenciamento e regulamentação adequados de médicos e cirurgiões e de certos profissionais de saúde aliados, por meio vigoroso, aplicação objetiva da Lei de Prática Médica, para promover o acesso a cuidados médicos de qualidade por meio do licenciamento do conselho e funções regulatórias". O MBC cumpre essa missão por meio de seus programas de licenciamento e fiscalização. O MBC credencia escolas médicas para garantir que apenas candidatos qualificados recebam e renovem sua licença para praticar a medicina. O programa de fiscalização investiga alegações de consumidores médicos e toma as medidas cabíveis. O MBC também defende, patrocina a legislação e adota regulamentos, políticas e procedimentos que fortalecem e apoiam seu mandato e missão. O MBC é composto por oito médicos e sete membros públicos. O governador e a legislatura da Califórnia indicam membros. Os membros do conselho reúnem-se como um órgão deliberativo de políticas, leis e promulgação de regulamentos para regular a profissão médica e proteger os consumidores de serviços de saúde do estado.

É ilegal praticar medicina sem licença na Califórnia. Cada estado dos Estados Unidos tem sua agência de proteção e requisitos de licenciamento. Embora um profissional médico possa possuir uma licença em vários estados, os privilégios não são automaticamente recíprocos entre os estados. Um médico na Califórnia deve renovar sua licença para exercer a profissão a cada dois anos. Cada licenciado deve completar 50 horas de educação médica continuada aprovada juntamente com várias divulgações públicas, incluindo interesses financeiros em instalações médicas, como laboratórios, diagnóstico por imagem, centros de cirurgia etc. O objetivo desses requisitos é ajudar os usuários de serviços da área da saúde da Califórnia com decisões informadas quando cada consumidor for escolher seus médicos.

Conforme necessário, se não mais importante do que o licenciamento, o Programa de Execução recebe, analisa, investiga, processa e executa ações disciplinares. O Procurador Geral do Estado da Califórnia é a agência de acusação que, em última instância, processa os casos disciplinares meritórios. As reclamações podem vir de consumidores médicos diretamente ou de agências com requisitos de relatórios obrigatórios, como hospitais, seguradoras, instituições, médicos legistas, revisão por pares e outras agências reguladoras da promotoria. Embora a lei prescreva vários parâmetros para relatórios (ou seja, a liquidação da seguradora de um sinistro acima de US$ 30.000 etc.), a falha em relatar pode ter consequências graves para a agência com a obrigação de fazê-lo. Novamente, a proteção do público contra profissionais não qualificados é a principal responsabilidade da lei e de sua aplicação.

Ética Médica

O licenciamento e a regulamentação de médicos como profissionais é e tem sido uma questão significativa de interesse público. Para preservar a integridade, a honestidade, a cultura do profissional médico e a profissão como organização, continuamos a legislar padrões, leis e regras sobre ética médica e legal. Leis escritas não são uma novidade na civilização humana. Várias tradições religiosas falam das leis escritas de Deus gravadas em pedra e entregues a Moisés, como os Dez Mandamentos. Os Mandamentos encontrados em Êxodo e Deuteronômio permanecem a base para a maioria dos códigos morais da história humana. Esses códigos morais formam a base para que várias tradições religiosas inscrevam os ensinamentos religiosos e morais. As leis e regulamentos da Califórnia não são diferentes.

A sobreposição das disciplinas de Direito e Medicina e a relação de que desfrutam são fundamentalmente essenciais para o bem público. Em seu livro, *The Responsible Administrator*, meu ex-colega, Terry Cooper, analisa a ética como o estudo da conduta moral e do status moral. Ele distingue ética e moralidade ao afirmar que a moralidade "assume alguns modos de comportamento aceitos" pela tradição, cultura, religião, organização e família. Ele então sugere que a ética é "um passo distante da ação". Nesse sentido, "envolve o exame e a análise da lógica, valores, crenças e princípios usados para justificar a moralidade em suas várias formas". Esses valores, crenças e princípios, entre outras coisas, incluem equidade e justiça, principalmente na medida em que se aplicam ao interesse público em direito e medicina. O professor Cooper se refere a essas leis como o "mínimo moral", e eu concordo.

Embora possam ser o mínimo, essas leis na prática alcançam mais do que apenas o mínimo para os profissionais e o público. Nesse contexto, o estabelecimento e a aplicação de padrões éticos, leis e regulamentos preservam a credibilidade da profissão médica. Além disso, essas leis inspiram confiança e segurança aos funcionários públicos e aos governos ou profissões a que servem. Talvez esses sejam os dois componentes essenciais de qualquer negociação.

A ética médica tem suas raízes no juramento hipocrático e nos primeiros ensinamentos cristãos. Batizada com o nome do "pai da medicina", Hipócrates, "a promessa" é um dos documentos vinculativos mais antigos que permanecem em prática na esmagadora maioria, senão em todas as escolas de medicina em todo o mundo. Embora, para tratar da medicina moderna, o juramento seja modernizado, seus princípios fundamentais permanecem inalterados.

Os princípios que norteiam a ética médica estão bem documentados na literatura geral de ética. A ética médica é uma disciplina substancial por si só, mas a maioria concorda que quatro princípios fundamentais dominam a teoria e a prática. O princípio da autonomia respeita os direitos de um indivíduo à autodeterminação.

O respeito pela autonomia (*voluntas aegroti suprema lex*) é a base para o consentimento informado do paciente e as diretrizes avançadas para os cuidados de saúde. O direito do paciente de escolher ou recusar o tratamento é um bom indicador tanto do bem-estar pessoal quanto do bem-estar da profissão em geral. A ética médica busca encontrar o equilíbrio certo entre a profissão médica e o público.

O princípio da beneficência requer, por definição, agir para o bem ou interesse de outrem. No contexto médico, isso exige que os profissionais médicos tomem todas as ações necessárias para atender aos melhores interesses do paciente, incluindo a preservação da autonomia do paciente discutida anteriormente. Na lei da Califórnia, esse conceito é descrito como o padrão de atendimento. Alguns, nesse campo, argumentam que a cura é o único propósito da profissão e, portanto, esse princípio é o cerne da ética médica. Outros, por outro lado, focam em uma coisa de cada vez. Eles articulam que o princípio médico mais crítico é primeiro não causar dano (*primum non nocere*), no sentido de que é mais importante não causar dano ao paciente do que fazer qualquer bem. Este último princípio apoia muitas regras morais críticas, como "não mate" e "não cause dor e sofrimento". Finalmente, esses princípios envolvem julgamento sábio ou prudência.

Na prática

Infelizmente, em meus anos no MBC, disciplinei vários médicos que violam esse princípio de "não causar danos" e as regras morais nele contidas. Particularmente, no campo da cirurgia plástica, onde o médico é convencido a aplicar (na maioria das vezes, erroneamente) o princípio da "beneficência", esquecendo o princípio mais importante de não causar dano. Infelizmente para o paciente, os resultados são muito piores e graves do que os resultados do médico. Os pacientes morrem. Felizmente para a profissão, os profissionais éticos recusam esses pacientes para cirurgia, reconhecendo o risco potencial e os danos que podem vir associados. Também li um número excessivo de casos na área de controle da dor. Nesses casos, o médico geralmente tenta beneficiar o paciente atenuando a dor com medicamentos prescritos que causam dependência. Os médicos que acabam diante do Conselho Médico para fins disciplinares são aqueles que assumem riscos às custas do paciente, violando essa ética médica essencial de não prejudicar e, como resultado, violando o padrão de atendimento à lei. Embora assumir riscos possa ser inerente ao avanço da ciência, correr riscos sem controle e sem princípios é perigoso para o público em geral e é incompatível com a estrutura legal organizada para governar uma sociedade civilizada.

A ética é, geralmente, descrita como começando onde a lei termina. Curiosamente, a ética e a lei têm uma relação simbiótica para o bem público. Embora cada disciplina tenha seus parâmetros únicos, eles se sobrepõem para o avanço da sociedade. Esse relacionamento também é o lugar onde elementos de boa governança, como colaboração, transparência, inovação e responsabilidade, por exemplo, ajudam a proteger o interesse público.

A governança de alta qualidade, caracterizada pela colaboração entre as partes interessadas, comunicação eficaz, altos níveis de responsabilidade e transparência e forte capacidade humana e institucional, é crítica para melhorar o interesse público. A pesquisa mostra que uma cultura organizacional ética – livre de interesses pessoais – é necessária para governos de alto desempenho, que devem tomar decisões que devem beneficiar o público.

Exemplos de colaboração e inovação

No MBC, também testemunhei e trabalhei em notáveis colaborações e inovações para o bem público. Uma dessas parcerias concentrava-se na política de redução dos casos disciplinares, abordando o esgotamento do médico, o Burnout. MBC fez parceria com um sistema de saúde privado para se concentrar na cultura do bem-estar dos profissionais, a eficiência da prática e resiliência pessoal. Dois componentes críticos de "SELF" e "CUIDADO" foram desenvolvidos para promover o sono, exercícios, amor e riso para os médicos. O componente "CARE" concentrou-se na compaixão, admiração, resiliência e envolvimento. Os líderes de todas as disciplinas médicas usaram a liderança colaborativa para envolver colegas e seus funcionários na "melhoria de processos, construção de comunidades e soluções inovadoras de bem-estar". Eles iniciaram "rodadas de medicina narrativa" para compartilhar histórias e criar laços entre colegas para lembrar por que escolheram a profissão médica. Em outras palavras, médicos ajudando uns aos outros a lidar com o estresse e estabelecer as melhores práticas. Cuidar dos cuidadores tornou-se uma excelente colaboração para reduzir o número de casos do MBC.

A inovação à qual me associei no MBC, sobre a qual escrevi recentemente em *The Conversation*, é a telemedicina. A telessaúde, também conhecida como telemedicina, há muito é discutida como uma forma eficaz de dar às pessoas acesso a profissionais da área médica no conforto de suas próprias casas. Usando um telefone, um tablet ou um computador, um profissional de saúde pode diagnosticar, tratar, prescrever e educar um paciente sentado a quilômetros de distância. No início da década de 1990, as disparidades nos cuidados de saúde nos condados rurais e o envelhecimento da população com necessidades mais significativas levaram a Califórnia a considerar a telemedicina. A Universidade da Califórnia, em Davis, lançou um programa de telemedicina em 1992 para auxiliar no monitoramento fetal em condados rurais. Em 1996, a Califórnia aprovou a primeira lei regulando a telessaúde, que permitia apenas aos médicos licenciados tratar os residentes da Califórnia por meio da tecnologia de telessaúde. Em um país grande e rural como o Brasil, essa inovação pode ser fundamental para o atendimento médico adequado. Com a adição de tecnologias de diagnóstico remoto, a prática da boa medicina pode ser levada a qualquer lugar onde a internet esteja disponível ou acessível. A Dra. Nazareth Ribeiro aborda o assunto em: *Telemedicina e a aceleração digital em tempos de crise*! Como ficou para o enfrentamento da pandemia.

Conclusão

Na prática da medicina, existe uma sobreposição notável entre as disciplinas de ética clínica e direito. Essa profissão pública e privada está enraizada em regras formais e informais que são normalmente codificadas em regras de conduta. Embora essas leis e regulamentos tratem do profissionalismo e da responsabilidade dos profissionais, o que na prática influencia e orienta a maioria dos trabalhadores não são leis ou regulamentos, mas apenas padrões de conduta, que definem os fundamentos do comportamento ético e honrado dos médicos no interesse de seus pacientes e do público.

Negociação crítica em ambientes competitivos de cuidados de saúde:

Um relato do nosso amigo Frank V. Zerunyan, J.D. LL.D. (hc)*

A investigação mostra que a maioria das negociações falham. Apenas 30% de todas as negociações são concluídas num acordo. Enquanto 100% dos negociadores afirmam procurar um resultado ganha/ganha, apenas 20% o conseguem. A razão é simples, é a natureza humana; a maioria dos negociadores compete. A maior parte das negociações são baseadas na posição, na medida em que se concentram no que querem e não no porquê. As posições são muitas vezes irreconciliáveis. Os interesses, por outro lado, talvez sejam compatíveis. Criamos um paradigma, ao qual nos referimos como Newgotiation, que tem tudo a ver com a identificação de conflitos, soluções artesanais e criação de valor baseado em interesses e valores individuais ou organizacionais, buscando melhor resultado para todas as partes envolvidas.

A indústria da saúde, por natureza, é competitiva. Os médicos, especialmente aqueles com funções administrativas, devem maximizar os recursos, negociando com colegas de classe, comitês médicos, funcionários governamentais, conselhos hospitalares, agências reguladoras e setores públicos. Embora o setor empresarial reconheça o valor de negociadores habilidosos, os profissionais médicos normalmente não têm qualquer formação em negociação.

A principal barreira a essa formação é a falta de tempo nos currículos das escolas médicas.

Como poderá ser acompanhado por nosso leitor, profissionais de saúde estão buscando essa formação, essa expertise na gestão, incluindo negociação e administração de conflitos, como será mostrado nos cases apresentados neste livro.

Durante o meu mandato no MBC, em meados dos anos 2000, a maioria dos casos de disciplina que analisei surgiram de uma falta de compreensão da ética como disciplina, responsabilidade profissional, conflitos e falta de comunicação para se chegar a um consenso. Propus várias peças de regulamentação para acrescentar ética, responsabilidade profissional e negociação aos currículos da faculdade de medicina. Infelizmente, os reitores das escolas médicas recuaram, afirmando que não havia tempo durante a faculdade de medicina. Essas decisões foram contraintuitivas, dados os problemas em que os médicos estavam lidando com base na sua falta de formação nessas disciplinas. Embora não tenha visto mudanças durante a minha estadia na MBC, anos mais tarde, as escolas médicas começaram a acrescentar a ética e a responsabilidade profissional como tópicos de discussão, o que já foi um avanço.

Grande parte da literatura sobre negociação na área da saúde centra-se na resolução de conflitos interpessoais. Embora a resolução de conflitos seja essencial, é apenas um dos muitos cenários a que as capacidades de negociação podem ser aplicadas com sucesso. No trabalho cotidiano de rotina, os médicos devem negociar com os pacientes, uns com os outros e os administradores, sobre cuidados de saúde, bem-estar, recursos, custos, insumos, plantões, procedimentos, logística e uma série de outras questões. Acreditamos que, caso esses mesmos médicos adquiram competências de Newgotiation, é pouco provável que seja necessária a resolução de conflitos, pois antes disso eles chegarão de forma estratégica a uma negociação *win-win*.

Por exemplo, os médicos pensam frequentemente que existe apenas uma resposta correta baseada no diagnóstico e prognóstico. Mas as interações e conversas humanas são muito mais complicadas do que isso. Citando o caso de um médico amigo meu que diagnosticou certa vez um paciente com apendicite aguda e quis operar imediatamente. O paciente recusou a hospitalização. O meu amigo foi surpreendido, primeiro, com essa decisão irracional, apesar de ter respondido a todas as perguntas sobre a condição médica e o prognóstico sombrio, caso não operasse imediatamente. Depois o seu treino de negociação começou. Ele fez a pergunta certa: "por que é que se recusa exatamente a ser hospitalizado?" O paciente respondeu: "quem irá então alimentar os meus gatos que estão sozinhos em casa?" Naquele momento, a decisão já não era de operar ou não operar para salvar uma vida, mas de se concentrar em encontrar cuidados para os gatos durante um dia ou dois. Casos como esse, que parecem simples de se resolver, acontecem todos os dias, mas para quem está envolvido no problema não vê o caso como simples, e é preciso respeitar e ajudar a refletir na solução do problema secundário.

Um bom negociador identifica o quadro geral, o cenário da negociação para aprender a mentalidade do (s) participante (s). O excelente negociador está lá para compreender as decisões, que impulsionam os comportamentos do (s) outro (s). Em nosso livro, sugerimos que se enquadrem essas questões em suas práticas de negociação, pensando no pilar cognição. Tipicamente, não se trata do que dizemos, mas de como o dizemos. Uma vez li uma anedota sobre dois monges: O primeiro vira-se para o outro e diz: "Perguntei ao bispo se eu podia fumar enquanto rezava, e ele disse que não." O outro monge, intrigado, responde: "isso é estranho, porque perguntei ao bispo se podia rezar enquanto fumava, e ele disse que sim."

A comunicação eficaz é fundamental para enquadrar adequadamente uma questão para uma resposta colaborativa em vez de uma resposta competitiva. A colaboração reflete uma grande importância para um resultado e uma grande preocupação com a relação das partes. Os novatos, que tomarem essa posição, darão mais do que aquilo que tomam, empenhar-se-ão em vez de se retirarem e terão uma tolerância limitada às regras. A Newgotiation irá, normalmente, criar valor adicional como parte da negociação. Para alcançar esse resultado vantajoso para ambas as partes, ambas as partes têm de encontrar formas de obter o que necessitam enquanto melhoram a relação, onde a comunicação assertiva entre as partes será condição para o melhor resultado.

Nos nossos livros de Newgotiation, descrevemos um processo de negociação integrativa. Esse processo oferece um quadro para aumentar o valor na organização, promovendo resultados integrativos *win-win*. Em vários *papers* sobre como melhorar os cuidados de saúde, a negociação como tópico foi identificada como um dos cinco componentes da cultura dos cuidados de saúde, além do trabalho em equipe, responsabilidade, bem-estar, comunicação e liderança.

A negociação, tal como a prestação de cuidados, é um desafio e esforço humano. Médicos e administradores de cuidados de saúde estão mais bem-equipados para curar, colaborar, gerenciar e inovar quando desenvolvem competências de Newgotiation.

No capítulo a seguir, alguns cases reais na área da saúde, relatados por gestores (as), para que o leitor possa se posicionar no lugar de negociador em cada um deles, buscando uma melhor compreensão desse lugar de líder, onde cada negociação, seja ela simples ou complexa, única ou duradoura possa encontrar novos rumos para uma negociação mais baseada em valor, onde todo o sistema é considerado como um sistema que funciona junto, seja a instituição, a equipe, os fornecedores e os usuários.

Todos os cases são reais, foram elaborados para dar uma visão do cotidiano prático de um gestor em saúde, lidando com todas as adversidades de um sistema tão complexo, para dar uma visão ampla de como é importante que um gestor médico tenha ferramentas técnicas e emocionais para lidar com a tomada de decisão assertiva em cada momento, num sistema de saúde que muda a todo instante.

Muitos cases maravilhosos foram elaborados pelos alunos, porém não foi possível incluir a todos neste livro; sendo assim, provavelmente outro livro ou artigos virão com o conteúdo de outros cases posteriormente, já autorizados pelos alunos para publicação.

O leitor vai perceber que alguns cases foram criados antes da pandemia, e outros, no meio do furacão que a Covid-19 tornou o contexto da saúde e levou a todos nós e, especialmente, aos gestores médicos a decisões muito importantes para eles próprios, suas instituições e, especialmente, para os usuários da saúde.

UNIDADE 03

CASES REAIS

APRESENTADOS POR MÉDICOS (AS) GESTORES DE UNIDADES DE SAÚDE PÚBLICA OU PRIVADA COM DILEMAS VIVENCIADOS EM SUAS PRÁTICAS

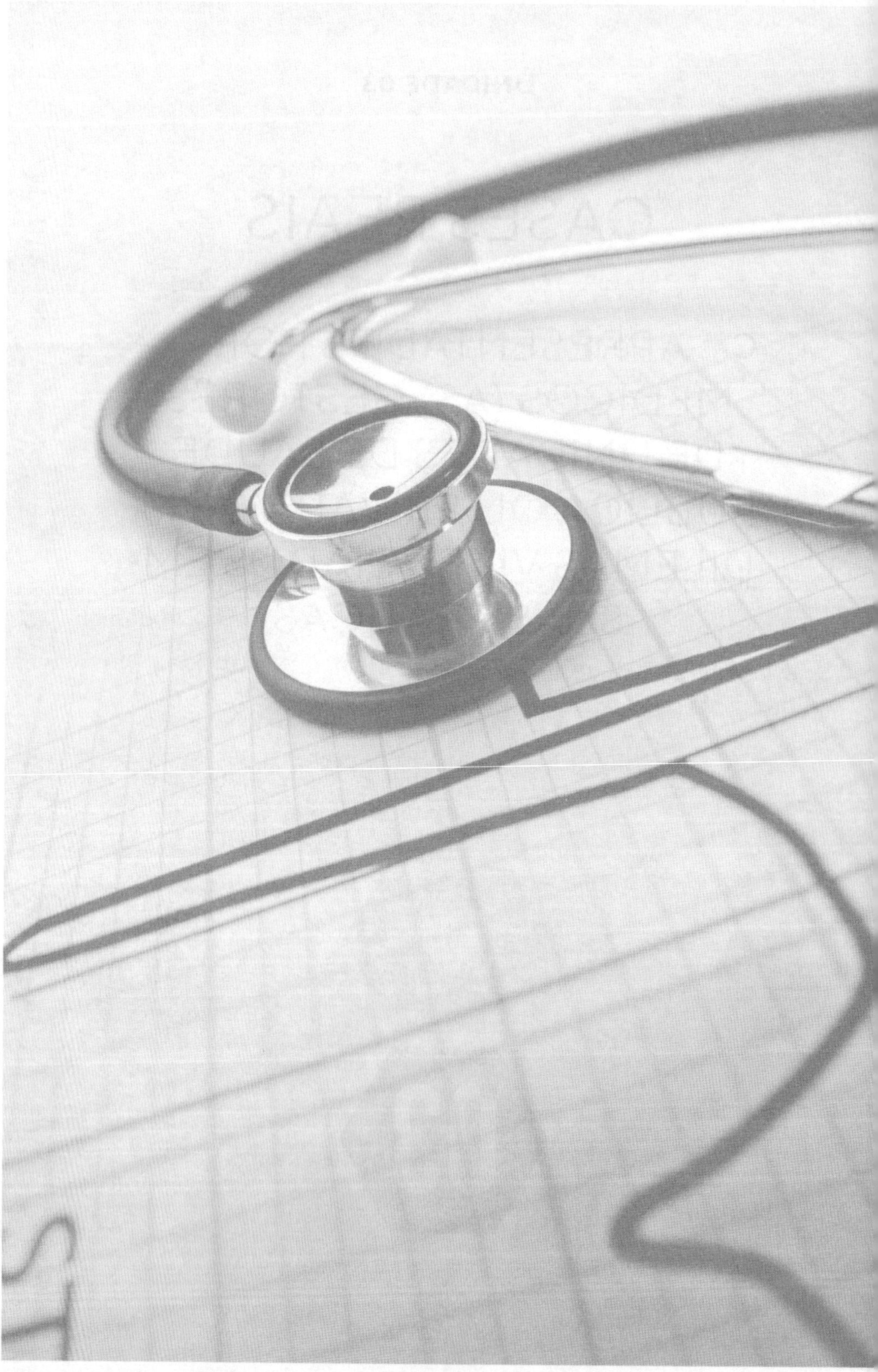

Cases de negociação na área da saúde apresentados em um curso de MBA em Saúde por alunos da Dra. Nazareth Ribeiro que demonstram os dilemas vivenciados na prática para dar uma visão realística dos fatos.

Vamos focar os relatos na fase de preparação do processo para a negociação, que é muito importante para o bom andamento e fechamento, desfecho, de toda e qualquer negociação, seja ela simples ou complexa.

É nessa fase que o negociador levanta todas as informações necessárias para ter um bom posicionamento na hora da negociação.

Então, considerando isso, cada negociador dos cases que serão aqui apresentados escolheu um case na área da saúde, que faça parte de sua realidade como gestor em saúde, para desenvolver esta fase tão importante para o seu sucesso como negociador!

Todos os cases foram construídos seguindo a metodologia Newgotiation, utilizando a Matriz de Negociações Complexas que descreve as quatro fases da preparação do case e os dez elementos.

O case a seguir, assim como todos os outros que serão apresentados neste livro, foram desenvolvidos por algum aluno médico (a) para a aula de negociação da Dra. Nazareth Ribeiro, do MBA em Saúde, e todos a autorizaram a publicar. As informações contidas em cada case são de responsabilidade de cada autor que, gentilmente, concordou em colaborar com o nosso projeto para engrandecer o nosso conteúdo com informações relevantes e verídicas de sua prática como médico inserido num cenário complexo de saúde.

Todos os cases apresentados a seguir foram elaborados durante a aula de Negociação e Administração de Conflitos, da Dra. Nazareth Ribeiro, uma das autoras deste livro.

Antes dessa tarefa do curso, os alunos tiveram aula sobre os conceitos de negociação e seus principais autores ao longo do tempo. Em seguida, foram introduzidos ao conceito da metodologia Newgotiation e convidados a construir seu case, colocando-se no lugar de um Newgotiator, onde utilizaram como modelo a Matriz de Negociações Complexas para guiar suas ações.

Os cinco primeiros cases foram elaborados em março de 2020, bem no início da pandemia. O case 6 foi enviado em janeiro. E os cases 7 e 8 foram no final de 2020, entre setembro e outubro; um deles, o case 8, foi elaborado por uma advogada, pois entendemos que, no meio da pandemia, muitas decisões foram tomadas pelos órgãos reguladores para o enfrentamento da Covid-19 e que seria agregado para o leitor ter esse conhecimento relatado por uma especialista. O case 9 foi elaborado por um médico gestor de hospital e o case 10 foi elaborado por um médico oncologista que traz sua negociação em sua clínica particular feita durante a pandemia.

Em seguida, sobre telemedicina, a Dra. Nazareth Ribeiro, psicóloga, uma das autoras deste livro, que já fazia atendimentos no formato digital desde 1998, compartilha um pouco de sua experiência. Este é um tema que ainda teremos muito o que discutir no pós-pandemia.

Depois dos cases prontos, a mesma advogada que elaborou o case 8, a quem agradecemos a participação, preparou-nos um relato sobre toda a adequação jurídica feita na área da saúde, decisões ágeis para atender a essa demanda.

Os cases relatados no livro não possuem intenção em ter qualquer vínculo ou interpretação político-partidária; cada profissional que relatou seu case o fez para demonstrar sua prática como negociador em saúde, apenas para que o leitor perceba como é possível posicionar-se no mercado, respeitando as regras de governança e *compliance* de cada sistema.

As informações de cada um dos cases que serão apresentados são de responsabilidade dos profissionais que, gentilmente, cederam e confiaram a este livro o direito em compartilhar com nossos leitores.

O roteiro dos cases foi enviado pela Dra. Nazareth, que elaborou um *template* onde os alunos médicos (as) gestores (as) em saúde elaboravam seguindo a esse critério e assim, além de registrar as quatro fases da preparação e os dez elementos da Matriz de Negociações Complexas, como poderá ser acompanhado na descrição dos cases, também foi descrito: a BATNA (Best Alternative to a Negotiated Agreement), Ponto de Reserva (preço mais baixo ao qual o negociador está disposto a fechar o acordo), ZOPA (Zone of Possible Agreement, ou Zona de Possível Acordo) e as possíveis concessões para se fechar o acordo, que podem ser solicitadas por uma das partes ou por ambas. Essa foi a metodologia sugerida aos alunos para a construção da preparação de seus cases. Ter um processo a seguir, um método, ajuda bastante o negociador a melhor se preparar para a mesa de negociação (seja ela presencial ou online), e nós, os autores deste livro, pretendemos mostrar como fazer.

Acompanhe a seguir os cases:

CASE 1 Case que mostra a importância de uma governança colaborativa para que o sistema de saúde, seja público ou privado, funcione de forma a apresentar maior valor para a instituição e para seus usuários.

Este case a seguir foi elaborado por uma aluna médica (importante registrar, mais uma vez, que todos os alunos autorizaram a doutora Nazareth Ribeiro, que foi professora de todos no MBA em Gestão de Serviços do Saúde da FGV, disciplina de Negociação e Administração de Conflitos, a revisar os cases e a publicar todas as informações aqui encontradas. Seus nomes não foram citados seguindo o compromisso feito com cada um deles).

Este case propõe um plano de contingência durante a pandemia para continuar assistindo a pacientes crônicos de uma clínica de terapia assistida, fundada em 2000, para atender a pacientes com doenças crônicas, tais como: artrite reumatoide e doença de Crohn, que necessitam de terapia com medicamentos imunobiológicos.

Durante os últimos 20 anos, o corpo clínico foi construindo um serviço bastante diferenciado, de qualidade e valor, conquistando assim, a confiança do mercado e dos médicos parceiros que encaminham seus pacientes para tratamento na clínica. Em 2012, foram certificados com selo de qualidade pelo IQG – Health Services Accreditation. Com essas informações, a clínica criou valor ao longo do tempo, informações que certamente farão diferença na hora da negociação.

> ▷**Dilema:** os medicamentos imunobiológicos, intravenosos ou subcutâneos, quando surgiram, eram realizados em clínicas oncológicas. Com isso, muitos pacientes faziam seus tratamentos no mesmo local que pacientes neoplásicos, pacientes esses geralmente com poucas chances de sobreviver e que, a cada sessão, se viam mais e mais debilitados, o que poderia criar um ambiente desanimador e até assustador para os pacientes que precisavam iniciar o tratamento com imunobiológicos, que, ao contrário dos primeiros, a cada sessão, sentir-se-iam muito melhor e com aumento da qualidade de vida.

Em função da situação emergencial causada pela pandemia da Covid-19, alguns pacientes manifestaram receio em sair de casa e se locomoverem até à clínica para aplicação de medicamentos. Respeitando a recomendação da Organização Mundial de Saúde (OMS) de reclusão domiciliar das autoridades sanitárias e, com autorização contingencial emitida pelo Conselho Federal de Medicina (CFM) de teleatendimento, foi sugerido que, em caráter excepcional, a clínica realizasse atendimento *home care* para administração de medicamentos subcutâneos, supervisionados por teleatendimento médico e cuidado presencial de enfermagem.

Devido a todo esse cenário, os gestores da clínica enxergaram a possibilidade de criar um centro de terapia, próprio e especializado para esses pacientes.

A proposta então seria criar um Centro de Terapia Assistida, envolvendo atendimento com equipe multidisciplinar: médicos, enfermagem e farmacêuticos.

Porém, recentemente, devido à pandemia da Covid-19, isso se tornou bastante complicado, e foi necessário criar um plano de contingência para manter o atendimento aos pacientes da clínica impossibilitados de interromper seus tratamentos. Foi preciso então priorizar o tratamento dos pacientes que já estavam sendo assistidos.

Porém, para surpresa dos gestores da clínica, os pacientes que se encontravam em tratamento com medicamentos subcutâneos, os que são de menor intervalo de tempo que as medicações venosas e, que deveriam continuar seu tratamento indo à clínica semanalmente ou a cada quinze dias, começaram a postergar ou cancelar seus tratamentos devido à pandemia e, com isso, a clínica enfrentou uma queda de mais de 40% da taxa de ocupação.

A gestora da clínica fez uma análise do cenário e verificou que os pacientes subcutâneos representavam cerca de 80% dos pacientes que haviam desmarcado o tratamento nos últimos 15 dias de março de 2020; desses pacientes, 95% residiam nas proximidades das unidades de atendimento – Zona Sul e Zona Oeste; e que 85% dos pacientes estavam deixando de fazer o tratamento por receio de sair de casa devido à pandemia.

Em posse desses dados, foi criado um projeto de atendimento de terapia assistida em esquema de *home care*.

Agora, era levar o projeto e apresentar ao CEO da empresa para que este autorizasse essa conduta e então, os pacientes pudessem continuar seu tratamento, e a clínica continuasse a entregar seu serviço e a escalar.

Deu-se início então a uma negociação, onde é claro, existem interesses em comum, já que negociador e interlocutor tinham expectativas de continuar entregando seu produto.

Por orientação da Dra. Nazareth Ribeiro, a gestora da clínica construiu o perfil do seu interlocutor, utilizando ferramentas por ela apresentadas em suas aulas, para se preparar para esta negociação, considerando que, conhecer o outro lado, traçando o perfil do interlocutor, o que pode ser vantagem competitiva neste processo de negociação, pois ela poderia preparar-se melhor para a reação da outra parte com suas colocações mais assertivas para encantar a outra parte.

Outra ferramenta que a Dra. Nazareth aplicou em suas aulas de negociação e que foi de grande valor durante a preparação deste case foi a matriz SWOT, onde a gestora em questão obteve alguns resultados que ajudaram a guiar seu plano de ação e então chegar ao resultado *win-win* nesta negociação:

Desenvolvendo a SWOT em aula sobre este case, eu cheguei à conclusão de que os meus pontos fortes – valores, habilidades e ativos – nesta negociação são:

> » Os números que mostram a suspensão dos tratamentos por receio de se locomoverem até o Centro de Infusão e serem contaminados pela Covid-19;

» Aprovação da telemedicina, tornando viável o teleatendimento médico e de farmacêuticos, garantindo assim todas as etapas da terapia assistida.

E que minhas fraquezas e vulnerabilidades nesta negociação são:

» Incerteza de que haja adesão por parte dos pacientes;
» Segurança necessária dos procedimentos e sustentação da terapia assistida mesmo em meio à pandemia.

Considerando tudo isso, estabeleci meus prováveis desafios que seriam:

» Manutenção do tratamento para os pacientes, com qualidade e agregando valor à clínica e continuando com o fluxo de caixa da empresa e dos profissionais de saúde;
» Manter inalteradas as recomendações estabelecidas para terapia assistida, mesmo em situação excepcional, como a crise gerada pela pandemia.

A maior negociação da empresa foi oferecer esses serviços para médicos e operadoras e, apesar de considerar ser um grande negócio para todos, seria um grande desafio, e o papel do negociador é muito importante nesse processo!

A aprovação do projeto para garantir tratamento de pacientes e a sustentabilidade da empresa durante a pandemia, até que seja possível retornar à terapia assistida dentro do Centro de Infusão, este seria o objetivo principal.

Aprofundar o projeto para que seja uma oportunidade para o futuro da terapia assistida em *home care* pode ser o projeto secundário.

Como diretora da clínica, é importante analisar mercado e traçar estratégias de acordo com as mudanças de cenários. Com a representatividade do número de pacientes em tratamento com drogas subcutâneas, em curto prazo, a empresa certamente sentiria uma perda considerável e precisaria aumentar os cortes em despesas, podendo chegar ao corte de pessoal, o que acarretaria uma perda enorme no capital humano, profissionais de saúde com treinamento na área que iriam para o mercado e que talvez não fossem absorvidos, o que também é uma preocupação para um gestor em saúde.

Com esses cortes, muitos bons profissionais competentes seriam perdidos e, quando tivéssemos a retomada da nossa taxa de ocupação no pós-pandemia, teríamos dificuldades em recolocar essas peças tão importantes hoje para o bom desempenho da equipe. Assim, a empresa poderia em médio prazo não se sustentar, uma vez que trabalha com drogas de alto custo.

Do outro lado da mesa, o CEO da empresa teme que essa medida possa ser prejudicial à empresa, uma vez que o procedimento em *home care* poderia trazer uma possível adesão por parte das operadoras de saúde, para que essas terapias sejam realizadas fora dos Centros de Infusão.

Qual seria a minha melhor alternativa para um acordo a ser negociado? Vamos pensar!

> Aprovação do projeto para atendimento domiciliar, com teleatendimento de médico e farmacêutico, atendimento enfermagem presencial, com utilização de EPIs, utilizando equipamentos que a clínica possui para transporte dos medicamentos, utilização do carro de transporte de medicamentos para deslocamento da profissional, aquisição de equipamentos (geladeira portátil), locação de ambulância (é um investimento que para a gestão da empresa precisa ser justificada) e a ROI (retorno do investimento) precisa ser viável.

Ainda existe a preocupação em oferecer atuação em todas as regiões da capital do Rio de Janeiro e que todos os pacientes subcutâneos fossem contemplados no projeto.

É claro que o interlocutor nesta negociação tem interesses em comum, o que facilita na hora da negociação, porém, em tempos de crise, os recursos ficam limitados e, assim, nem todos os objetivos são possíveis!

Neste caso, o CEO da empresa tem interesse em manter o conceito de terapia assistida, a importância de o tratamento ser feito em ambiente hospitalar e por profissionais habilitados.

A rigor, o relacionamento entre as partes é colaborativo, com respeito mútuo, admiração profissional, com divergências de opinião, porém totalmente alinhados com os valores e missão da empresa. Este relacionamento, com interesses em comum, pode afetar positivamente na resolução do problema.

Além de toda esta preocupação com a sustentabilidade da empresa e do usuário, ainda é preciso manter medidas que não contrariem a política de terapia assistida da CITA, em situação de exceção.

Um dos critérios que poderão apoiar a resolução desejada pode ser o de levar as questões mais polêmicas para discussão com o comitê de ética e com o núcleo de segurança do paciente.

Atores que podem ser envolvidos nessa tomada de decisão: médico coordenador do núcleo de segurança do paciente, orientações do setor jurídico para questões de regulamentação de telemedicina e treinamento do pessoal.

É tudo um grande desafio, pois, para que este processo seja aprovado pela alta gestão da empresa e então implementado, é preciso ser mais uma vez pioneiro e mostrar diferenciação no serviço, uma vez que outros centros de terapia assistida podem também, analisando o mercado, oferecer os mesmos serviços de *home care*, tornando-se concorrentes em potencial e, assim, a empresa pode perder os clientes/pacientes.

Algumas partes podem ser envolvidas neste processo para buscar valorizar esta negociação, tais como o representante da equipe médica, farmacêutica e enfermagem, reforçando a possibilidade de se manter a terapia assistida e a segurança dos procedimentos.

Uma negociação como esta, com atores da mesma empresa e com interesses em comum, é preciso cautela para buscar uma negociação do tipo *win-win* que seja duradoura, já que esses processos de negociação fazem parte do nosso cotidiano, e teremos que fazer parte disso o tempo todo, tanto num cenário vertical como num contexto horizontal, com parceiros de equipe clínica, com pacientes e muitas vezes com nós mesmos.

Esse case em questão poderia minimizar o sofrimento dos pacientes crônicos. Essa foi certamente a grande motivação para se abrir essa mesa.

CASE 2 O case a seguir foi desenvolvido por um aluno médico, assim como no primeiro case, aluno do MBA em Saúde, que autorizou a Dra. Nazareth Ribeiro a publicar. A aula para esta turma foi em março de 2020, bem no início da pandemia, para a disciplina de Negociação e Administração de Conflitos.

A Dra. Nazareth fez a revisão do case para este registro no livro.

O nome escolhido para o produto deste caso foi LABOMED (nome dado pelo aluno médico que autorizou a compartilhar neste livro), que é uma rede laboratórios com origem na cidade do Rio de Janeiro, há 15 anos no mercado nacional, com uma rede ampla de atuação nos estados do RJ, SP e MG, somando mais de 50 unidades distribuídas por diversas cidades.

É uma rede que possui uma série ampla de exames laboratoriais, com resultados altamente confiáveis, 100% informatizados, além de equipamentos de última geração, equipes especializadas e certificações de qualidade.

A empresa possui um elevado índice de satisfação dos nossos clientes, durante esse tempo em que está presente no mercado, onde o público-alvo compreende a população da classe A e B, planos de saúde, gestores de unidades de saúde privadas, unidades do SUS, englobando os níveis primário, secundário e terciário e secretarias municipais e estaduais de saúde.

Além de apresentarmos uma ampla rede de exames laboratoriais, desenvolvemos recentemente o que consideramos um grande diferencial em relação aos nossos concorrentes, aproveitando uma grande oportunidade de ampliação do nosso mercado de atuação, tornamo-nos o único laboratório brasileiro que oferece um teste próprio para a Covid-19, 100% desenvolvido em território nacional.

A empresa é composta por médicos infectologistas, biólogos, engenheiros clínicos e biomédicos, que são os responsáveis pelo desenvolvimento e análise desses resultados.

Esses kits diagnósticos, em especial, foram produzidos pensando na necessidade de testes rápidos para diagnóstico da Covid-19, escassez de mercado devido à pandemia e altos custos no mercado internacional, sendo alguns de baixa confiabilidade em seus resultados, sem certificações de qualidade. A empresa deseja criar um teste emergencial para atender a demanda rápida da pandemia, para um momento de contingência da Covid-19.

Este é um novo diferencial da nossa empresa já que os testes importados, além de demandarem maior tempo para produção e prazos de entrega, normalmente possuem um preço bastante superior devido à alta do dólar, elevadas taxas e impostos cobrados sobre o produto.

Com o desenvolvimento desse teste, acreditamos que será uma ótima oportunidade de podermos alcançar outros mercados internos e externos, buscando escalar mais, com qualidade e valor dos nossos produtos.

Nossa intenção é ampliar para nossa rede no mercado nacional e internacional, envolvendo outros estados brasileiros, países da América do Sul e os EUA.

O grupo gestor da Labomed foi convidado por secretários de saúde de alguns estados brasileiros, gestores de unidades de saúde públicas e privadas nacionais e da América do Sul, para apresentação e plano de negociação para aquisição do produto em larga escala.

Devido ao tempo de experiência e atuação no mercado, alto padrão de qualidade, onde, inclusive, duas acreditações foram conquistadas, em 2018 e 2019, dentre elas a Isso 9001, com toda esta qualificação e reconhecimento, acredita-se que a Batna da empresa seja elevada.

Agregando valores tangíveis e intangíveis, o desenvolvimento do teste rápido próprio para Covid-19 com resultados fidedignos, possibilidade de produção e distribuição em larga escala, o que acarretará no aumento da lucratividade e ampliação dos mercados de atuação da empresa e, consequentemente, divulgação da marca em outros mercados, pois, além das necessidades atuais inerentes à pandemia, lei da oferta e procura e necessidade de entrega a curto prazo, sabendo que o tempo é um fator fundamental na tríade de negociação (tempo, informação e poder).

O negociador neste case será o próprio diretor médico da Labomed, o aluno que trouxe esta negociação para a aula.

Seu perfil traçado em aula pelo eneagrama resultou em: 1, 3 e 5 – perfeccionista, bem-sucedido e observador.

Este profissional possui alta capacidade de se expressar de forma clara e objetiva, a fim de elaborar argumentos eficazes.

Habilidade em formar e expor soluções criativas em momentos críticos, buscando o *business agility* nas decisões.

Determinando o Dilema:

O desejo, enquanto negociador, é fechar uma relação comercial do tipo *win-win,* onde, com esse produto, a empresa pretende conseguir como ganho secundário maior divulgação da marca, incluindo mercados internacionais, ampliando o número de filiais, além de lucratividade com a venda dos seus serviços/produtos.

Ao mesmo tempo, atenderá às necessidades de mercado durante a epidemia da Covid-19, ajudando num ponto crítico que é a dificuldade de aquisição de testes rápidos por dificuldade de logística de entrega e preços mais elevados dos testes provenientes de outros lugares do mundo, permitindo assim um número maior de pessoas testadas, auxiliando nos diagnósticos, dados epidemiológicos e contribuição no retorno de profissionais de serviços essenciais às suas atividades laborais.

Metas e sonhos em curto prazo:

Alcançar o mercado internacional, divulgando e implantando nossos serviços por todo território nacional, países da América do Sul e os EUA.

Recuperar uma "fatia do mercado" que perdemos para a concorrência, que oferece o mesmo tipo de serviço, porém com qualidade muito inferior e muitas vezes preços mais elevados.

Mostrar à concorrência e aos potenciais novos clientes que somos uma empresa altamente qualificada em nosso ramo, inclusive investindo em pesquisa e com capacidade de desenvolver um produto próprio, 100% nacional.

Metas e sonhos em longo prazo:

» Fidelizar clientes e aderir outros entrantes;

» Expandir nossos serviços para novos mercados, inclusive, internacionais;

» Manter a excelência no atendimento, ou seja, ampliar ainda mais nossa âncora;

» Obtenção de maiores recursos e seguir investindo no aperfeiçoamento e qualificação de toda a equipe;

» Buscar novas acreditações e premiações.

A seguir, meus pontos fortes – valores, habilidades e ativos – nessa negociação: (lembrando da Matriz SWOT desenvolvida em aula):

» Equipe altamente qualificada;

» Acreditações já conquistadas;

» Experiência de quinze anos no mercado;

- » Cultura de investimentos em qualificação da equipe e alta tecnologia;
- » Reconhecimento do padrão de qualidade no mercado nacional pelos nossos clientes;
- » Desenvolvimento de produtos/serviços próprios, 100% nacionais, promovendo maior agilidade na entrega de produtos/serviços e preços mais baixos que a concorrência;
- » Fidelidade nos resultados dos exames disponibilizados, sendo testado e com garantia de 99% de eficácia;
- » A pronta liberação dos resultados (três minutos, em média) no caso dos testes para Covid-19, proporcionando, desse modo, testar um número elevado de usuários em menor espaço de tempo.

Considerar suas fraquezas e vulnerabilidades na negociação também é importante na etapa de preparação para que o negociador se prepare para o que vai encontrar! Para isso, a SWOT foi uma estratégia inicial:

Retardos nas entregas dos kits e/ou resultados dos exames previamente determinados nas negociações.

Redução drástica de vendas dos kits de teste rápido após a epidemia, embora a Labomed possua uma rede ampla de exames.

Crise econômica mundial e recessão econômica

Novos entrantes e/ou concorrentes com produtos similares e preços mais acessíveis, perda de novos mercados conquistados logo após a epidemia.

Refletindo a seguir, o porquê a outra parte está negociando comigo, e o que eu tenho que eles precisam:

> O cliente também se sentirá mais tranquilo sabendo que poderá contar com uma empresa que possui certificação de qualidade, equipe multidisciplinar altamente qualificada e equipamentos de ponta, além de agilidade e eficiência para resolver quaisquer intercorrências. A reputação e credibilidade da empresa contam bastante neste contexto.

Além disso, devido à pandemia, há uma oportunidade de mercado, onde a crise pode ser transformada em força, devido às necessidades de aquisição de testes em larga escala, a curto prazo, mediante as dificuldades encontradas no mercado mundial, além de preços elevados tornando ainda mais urgente o desfecho desta negociação ao contratante.

Este cenário aumenta, ainda mais, as chances da empresa em conquistar novos clientes a curto prazo.

Algumas lições eu posso aplicar de negociações anteriores para melhorar meu desempenho:

> Em primeiro lugar, devemos conhecer bem nosso produto antes de qualquer negociação. Inicialmente, devemos

utilizar os *steps* básicos para conduzir uma boa negociação, ou seja, devemos nos preparar com antecedência, conhecer bem o produto que queremos apresentar e os preços praticados no mercado.

Muito importante considerar o primeiro elemento da Matriz de Negociações Complexas, a preparação como passo importantíssimo para a boa condução da negociação.

Devemos, como negociadores, saber "seduzir" o cliente e despertar nele a vontade e a necessidade de ter o nosso produto ou serviço, mesmo pagando mais caro por isso. Devemos ressaltar nossas vantagens e os pontos positivos frente à concorrência. Ainda que o nosso preço não seja o melhor, devemos mostrar ao cliente o valor agregado ao produto ou serviço negociado, e as razões pelas quais contratar nossa empresa. Em outras palavras, devemos pensar antes da negociação qual é a Batna (melhor valor a ser negociado), os valores mínimos e máximos aceitáveis, a flexibilidade de cada parte e as concessões que cada parte está disposta a fazer, além, é claro, de ancorar o nosso produto ou serviço.

A negociação deve ocorrer idealmente em horário comercial e em um local neutro. No case apresentado, é o cliente quem está buscando o fornecedor e, neste caso, o ideal é deixar o cliente decidir o dia, hora e local e tentar se adaptar à necessidade do cliente. Isso demonstra o interesse e a disponibilidade da empresa, podendo causar uma boa impressão inicial. Caso não seja possível atender o cliente nos "moldes" que ele apresentou, deve-se oferecer alternativas para tentar viabilizar o encontro.

Lembrando sobre o conceito de tempo em negociação estudado em aula, considero que não existe um tempo exato, mas sabemos que reuniões longas são chatas e desnecessárias. Elas devem ser breves, objetivas e deve-se mostrar ao cliente que ele pode fazer outras reuniões, caso necessário. No case apresentado, as necessidades de mercado devido à pandemia encurtam o prazo de desfecho, já que estamos enfrentando uma grande crise. Sendo assim, quanto antes a negociação for fechada, melhor para ambas as partes, pois, tão logo, os kits poderão ser produzidos e entregues aos contratantes atendendo assim, as suas necessidades.

Meus interesses, além desta negociação que eu gostaria de investir, na próxima, seria a ampliação da marca em mercados que ainda não possuímos filiais, difundindo ainda mais nossa rede e divulgação da nossa marca e também recuperar uma fatia do mercado (perdida para a concorrência), utilizando nosso teste próprio, sendo um diferencial em relação a muitos laboratórios, possibilitando conquistar novos clientes. Por fim, reposicionar-se no mercado.

A minha melhor alternativa para um acordo a ser negociado, a minha Batna, a melhor alternativa para um acordo negociado seria 100% do valor apresentado pela empresa. Para fortalecer a Batna, o negociador deve ter inteligência emocional e elegância moral durante as negociações, fazer uma boa ancoragem, valorizar as características tangíveis e intangíveis de seu produto ou serviço e utilizar as fraquezas dos concorrentes como vantagem competitiva. Fazer valer a situação atual, pela alta procura no mercado e a urgência apresentada pelos clientes na aquisição dos kits com testes rápidos para Covid-19 para conseguirmos fortalecer a nossa Batna.

O meu ponto de reserva, ou seja, o momento de abandonar a negociação é um valor abaixo de 80% da Batna.

Já o meu ponto de aspiração na negociação – o objetivo ambicioso, mas não ultrajante, que gostaria de alcançar seria de, pelo menos, 90% da Batna. Desta forma, criaremos um maior valor para uma próxima negociação e ainda teremos uma margem até chegar ao ponto de reserva, valor mínimo almejado nesta negociação.

Num momento crítico como este da pandemia, nosso produto é muito importante e agrega muito valor à resolução do problema instalado, já que a rapidez do diagnóstico pode levar a muitas vidas salvas. É de suma importância que as empresas contratadas tenham expertise em sua área de atuação, que sejam certificadas e que tenham a capacidade de atender a um grande número de clientes. Acima de tudo, competência das equipes com grande capacidade técnica e especializada e agilidade para desenvolver um trabalho impecável no atendimento do seu público-alvo, além da agilidade na liberação dos resultados dos exames, alto índice de confiabilidade e eficácia do produto.

Empresa possui expertise, há 15 anos no mercado brasileiro, altos índices de satisfação entre os clientes, além das acreditações conquistadas.

Alto investimento em tecnologia e conhecimento técnico-científico.

De modo inverso à Labomed, a Batna dos nossos possíveis contratantes seria o menor valor possível a ser extraído desta negociação.

Para o contratante, a Batna ideal é aquela na qual consegue contratar os melhores serviços pelo menor preço. Em relação ao case em questão, não resta dúvida de que a Labomed é uma rede extremamente qualificada, com profissionais de ponta, com alta tecnologia, preços acessíveis e ancorada no mercado nacional, possuindo certificações de qualidade e que ainda, neste momento, apresenta um diferencial importante em relação à concorrência, durante a pandemia da Covid-19, pelas necessidades iminentes apresentadas no mercado atual e grande procura por novos consumidores. Com isso, acreditamos que o poder da Labomed é maior, assim como as chances de fechar negócio com os nossos contratantes, com valor igual ou superior ao valor de reserva, próximo da Batna que consideramos ideal.

Por esses motivos, quem tem mais poder para ir embora em uma negociação é a Labomed.

Acreditamos que, devido à necessidade de mercado, principalmente em relação ao novo e importante produto apresentado, o teste rápido para a COVID-19, a confiabilidade deste produto, expertise de 15 anos nesse mercado e equipe técnica capacitada, detemos dois fatores importantes em uma negociação, o poder e o tempo.

Com isso, acreditamos que seja possível chegarmos à zona de acordo possível estipulada nesta negociação, ou seja, de 90% da Batna.

Acredita-se que será muito importante manter o equilíbrio, a inteligência emocional em uma negociação como esta, onde o negociador precisará manter-se equilibrado e seguro para transmitir segurança para a outra parte. Ter capacidade de resiliência ajudará!

Como ainda não houve a primeira reunião, a relação entre as duas empresas ainda precisa ser construída. Para construir uma boa relação, é necessário que os *players* causem uma boa impressão nas reuniões, em especial na primeira. Além disso, é necessário que eles possuam algumas importantes características, tais como: inteligência emocional, bom relacionamento interpessoal, conhecimento, comunicação e empatia, dentre outros, utilizando os cinco pilares da inteligência emocional: autoconhecimento, controle emocional, automotivação, empatia e relacionamento interpessoal, tais como citado pela Dra. Nazareth Ribeiro, em aula, no tópico Inteligência Emocional e Competências das Lideranças.

Considerando que o fator cultural é importante no processo de negociação, e que cada indivíduo é um ser único, possui uma história única, uma formação singular e um jeito próprio de ser e de pensar, o que pode influenciar na postura e conduta do negociador. Além disso, outros fatores como: diferença de idade, posição socioeconômica, necessidades em tempos diferentes, poderes diferentes e, até mesmo, local de origem, podem criar barreiras que, dependendo do caso, podem ser insuperáveis.

Considerando que durante a pandemia muitas reuniões foram para o formato digital, estamos nos preparando para os prós e contras de negociar via e-mail, teleconferência etc. (utilizando a tecnologia na negociação).

Houve uma aceleração das plataformas digitais, onde todas ou pelo menos grande parte das negociações foram para o formato remoto e, como não se pode perder o *timing*, é condição estar preparado para se posicionar nesse ambiente online.

Embora saibamos da importância do "olho no olho", as necessidades de momento demandam esse tipo de negociação, onde o uso de tecnologia durante o período de epidemia tem sido o recurso mais adequado e recomendado pela OMS. Além disso, trazem agilidade aos processos, encurtam distâncias, otimizam custos e tornam viáveis muitos negócios que não seriam possíveis caso elas não existissem.

Tão logo tenhamos conhecimento sobre a outra parte, devemos buscar o maior número de informações sobre ela, de modo a identificar característica e/ou interesses em comum, visando criar algum tipo de vínculo com a outra parte e, assim, tornar a negociação um processo mais fácil e agradável, levando em consideração os pontos fundamentais para uma negociação: pessoas, interesses, opções e critérios. Essa coleta de dados é muito importante e poderá ser feita utilizando as plataformas online de relacionamento como Instagram, Facebook, LinkedIn, site pessoal (do interlocutor) e da empresa, além de usar o *networking* em comum.

A hierarquia dentro da equipe do outro lado são os padrões de influência e potenciais tensões e sempre é importante negociar com alguém que tenha autonomia para tomar decisões. A boa reputação e seriedade já conhecidas do negociador da nossa empresa no mercado vão ajudar a facilitar este contato.

Saber separar as pessoas do cerne da questão, não devendo jamais levar a negociação para um lado pessoal, esse é um grande desafio.

Perceber o problema a ser solucionado e buscar alternativas que possam direcionar a um acordo bom para todos.

Não fazer julgamento e nem apontar culpados. Considerar todas as alternativas, descartando aquelas que fujam das boas normas de conduta. Manter a ética e a elegância moral durante toda a negociação. Tudo isso levará a um bom desfecho.

Os concorrentes são outras empresas do ramo que, neste momento de pandemia, podem oferecer o "mesmo serviço", com qualidade bem inferior e/ou preços mais elevados.

Temos a vantagem de ter ampla experiência no tipo de serviço que prestamos, equipe multiprofissional altamente qualificada, certificações, alta tecnologia e fortes investimentos em pessoal e equipamentos e necessidades de mercado a um produto extremamente requisitado durante a pandemia Covid-19, o teste rápido, que é de produção própria do laboratório, 100% nacional e com preços mais acessíveis e alta confiabilidade nos resultados. Este é o nosso diferencial, que esperamos criar valor para ter peso na hora da negociação.

▷ **Desvantagens:** laboratórios concorrentes já existentes e novos entrantes com produto de qualidade e valores semelhantes, além da possibilidade de ser uma empresa maior e, portanto, ter a possibilidade de uma produção em maior escala.

Ter um histórico de 15 anos de atuação neste mercado e o desejo de continuar sendo a melhor empresa do ramo, revertendo os novos recursos em qualificação das equipes, expansão da rede em outros territórios, investimento em tecnologias de ponta, buscando sempre a perfeição na prestação de serviços, com foco na satisfação do cliente. Além disso, manter e estreitar parcerias com clientes que estejam alinhados com nossa visão, missão e valores.

Para esta primeira reunião, a empresa enviará seu diretor médico e financeiro, que será o representante da Labomed, onde deverão realizar as quatro etapas da negociação, que são: preparação, criação de valor, distribuição do valor e implantação/monitoramento.

É necessário que profissionais específicos, como mediadores, facilitadores, sejam responsáveis por tarefas específicas, como: advogados para avaliar os contratos e implicações legais/éticas de cada ato praticado, contadores para cuidar das finanças, intérpretes visando melhorar o entendimento das partes por, neste momento, haver possíveis contratantes internacionais e diferentes idiomas, mediadores para auxiliar nestas negociações, dentre outros. O que também é positivo, pois mostra ao time que sua posição e opinião é importante na tomada de decisão.

Nossa equipe é muito bem-preparada e coerente, com conhecimento técnico e científico, expertise no ramo, reconhecimento no mercado, equipe altamente qualificada e engajada na missão, visão e valores da empresa.

Estamos prontos para participar de negociações baseadas em interesses para criar valor, comercializando as diferenças de recursos, preferências, previsões, tolerância a riscos e prazos.

Uma vez alcançado o objetivo da negociação, será adotada uma posição que esteja em conformidade com os interesses alcançados. Sabemos que, para cada interesse, existe uma série de posições e, por isso, devemos ser específicos nos pontos a serem negociados, demonstrando empatia e levando também em conta o interesse da outra parte. Deve-se, ainda, manter a elegância moral durante todo o processo, ter ética e presença participativa. Em caso de embates, deve-se buscar a raiz do problema e tentar resolver de maneira rápida, eficaz e amigável. Esta é a nossa intenção!

Optando por uma negociação do tipo *win-win*, que atende a ambas as partes, adotar uma estratégia como essa pode ser uma grande vantagem competitiva em relação à concorrência.

É claro que é preciso, de ambas as partes, cumprir o acordo firmado no fechamento (desfecho) da negociação, especialmente se o desejo for por negociações duradouras.

Na maioria das vezes, a resposta tende a ser feita da mesma maneira que a pergunta. Logo, se o interlocutor fizer a pergunta da forma assertiva, tenderá a ter uma resposta que satisfaça os objetivos de ambas as partes.

Neste tipo de acordo, constroem-se valores não apenas para a empresa, mas também à sociedade, demonstrando valores tangíveis e intangíveis, trazendo diversos benefícios à sociedade, ao meio ambiente, estimulando a responsabilidade social e sustentabilidade das pessoas e de empresas concorrentes.

Não restam dúvidas que este é um tipo de acordo que traz muitos benefícios, novas visões e atrações de novos contratantes.

Como gestor na área da saúde, gostaria apenas de reiterar que sucesso da negociação depende do conhecimento profundo do contexto e da segurança no negócio em questão. Logo a informação, o tempo e o poder são fatores primordiais para alcançarmos o sucesso nas negociações.

Desenvolver habilidades de negociador é a melhor forma de ser bem-sucedido na mesa de negociação! Espero ajudar você, negociador, com este material, a desenvolver-se e a utilizar este recurso em seu dia a dia como um gestor na área da saúde!

Neste case, o diretor médico pontuou o preparo técnico dele e de sua equipe como condição para o sucesso desta negociação.

Considerando que este produto seria desenvolvido para o momento de crise devido à pandemia, o que trazia uma enorme urgência para o mercado saturado de problemas e incertezas, esta poderia ser uma grande jogada de mercado para alavancar sua empresa e oferecer um serviço que realmente agregaria valor ao usuário num momento difícil como este.

O objetivo da empresa era, com este produto, abrir mercado para outras negociações. Com isto, seu gestor médico buscava mostrar o diferencial da empresa como vantagem competitiva e credibilidade.

CASE 3

Este case, assim como todos os anteriores deste livro, foi desenvolvido por um aluno médico, também do MBA em Saúde, que autorizou a Dra. Nazareth Ribeiro a publicar. A aula para essa turma foi em março de 2020, bem no início da pandemia, para a disciplina de Negociação e Administração de Conflitos.

Como nos demais, a profa. fez a revisão do case para este registro no livro, e todos os alunos receberam a revisão para autorização de uso.

Preparando a negociação

Introdução: como diretor médico de uma unidade hospitalar do município de Niterói, negociei com o subsecretário de Saúde da Fundação Municipal a mudança completa do modelo de atendimento dos pacientes internados. Meu objetivo, como gestor médico, era montar uma equipe horizontalizada, gerando maior qualidade no serviço apresentado. O hospital é uma referência para a região e funciona há muito tempo no modelo anterior. Com apenas dois meses de cargo, eu, pretensiosamente, quis mudar todo o fluxo de atendimento do hospital.

Negociador: diretor médico do hospital.

Perfil traçado em aula da Dra. Nazareth Ribeiro, utilizando o eneagrama: 1, 3 e 7 – perfeccionista, vencedor e otimista (perfil traçado durante a aula da Dra. Nazareth usando a ferramenta do eneagrama).

Interlocutor: subsecretário de Saúde de Niterói.

▷ **Dilema:** o hospital é uma referência em emergência e internação na Região Oceânica de Niterói. Trata-se de uma UPA com poucos leitos de internação, o que torna o giro de leito essencial para o bom funcionamento do hospital.

Além disso, a gravidade, complexidade e cronicidade dos pacientes internados inibe alguns médicos de aceitarem trabalhar lá. Trata-se de uma mudança de cultura.

Abaixo, a lista de verificação de preparação de negociação apresentada no artigo citado na fonte da *Harvard Business Review* e traduzido pela Dra. Nazareth Ribeiro para este curso de Negociação e Administração de Conflitos para o MBA em Gestão de Saúde da FGV.

Perguntas que um negociador deve fazer para se preparar para uma boa negociação:

O negociador deseja melhorar a qualidade, com rotinização dos médicos, assim teria uma melhor continuidade do tratamento e das informações, melhorando, portanto, os seguintes indicadores: giro de leito, tempo de permanência e percepção do cliente. Tudo isso com pequeno impacto financeiro.

Meus pontos fortes: valores, habilidades e ativos – nesta negociação, segundo a matriz SWOT desenvolvida em aula, são: não tenho ainda impregnado a cultura do hospital que poderia me limitar em minhas ações ou até mesmo contaminar minhas prospecções para melhoria da empresa (recém-nomeado no cargo). Fiz isso em outros hospitais e deu certo, então quero implementar mudanças, gerenciando os riscos, é claro!

Oportunidade: o subsecretário de Saúde e seus assessores conhecem meu trabalho e meus objetivos, o que eu espero seja um diferencial para me ouvirem.

Ameaça: saída de alguns profissionais que não aceitem as mudanças.

Minhas fraquezas e vulnerabilidades nesta negociação: o pouco conhecimento da rede. Uma cultura consolidada do hospital.

Por ser novo no hospital, certamente será gerada alguma resistência por parte dos profissionais mais antigos.

O hospital estava gerando muita reclamação nas mídias sociais. Nenhum médico que aceitou assumir a direção conseguiu fazer qualquer mudança. A Secretaria de Saúde queria mudar a imagem do hospital e melhorar a qualidade dos serviços prestados. O impacto financeiro com a mudança era pequeno. Minha proposta tornaria o hospital mais eficiente e eficaz.

Estipulei um Batna, tenho a Zopa e o preço de reserva. Agendei uma apresentação à própria Secretaria de Saúde e aproveitei, estrategicamente, um dia que tinha muitas pessoas para assistir. Mantive uma elegância moral (como a doutora Nazareth citou em aula), sendo realista, transparente e sempre educado.

Essa negociação ocorreu na Secretaria de Saúde em 01/04/2020.

Lembrando o conceito de tempo em negociação estudado em aula: foi feita uma apresentação de dez minutos, que emocionou o secretário, o subsecretário e todos os presentes. Foram usadas técnicas de negociação aprendidas em aula na apresentação. "Pela primeira vez, estou vendo gestão nesta unidade", falou o subsecretário. Abri espaço para clarificação e concessões, mas não foi necessário.

Foi concedida a mudança com a responsabilidade de apresentar os resultados. O giro de leito (extremamente crítico) melhorou absurdamente, assim como o tempo de permanência e a percepção e feedback do cliente nas mídias.

Minha Batna era melhorar a qualidade do serviço sem impacto financeiro expressivo. Eu não tinha muita margem de negociação, nem muito tempo, portanto, fui claro e transparente. Fortaleci meu Batna mostrando a importância do serviço e do projeto todo para a população de Niterói.

Estava convicto da minha proposta. Nela, todos sairiam ganhando. Meu ponto de reserva era a não aceitação das mudanças propostas. Mas fui atrás do *win-win*, considerando que as partes tinham interesses em comum.

Meu objetivo foi alcançado, ou seja, o serviço rotinizado, profissionais e clientes satisfeitos. Pequeno impacto financeiro. Comunidade satisfeita.

Temos todos os interesses em comum: ajudar a população de Niterói, porém há receio de mudanças e insatisfação/reclamação por parte dos usuários. Isto certamente foi um ponto positivo para o desfecho desta negociação.

A Batna da Secretaria de Saúde é o menor custo possível, ao passo que o ponto de reserva é a maior qualidade dos serviços prestados na rede.

Para a Secretaria, a Batna ideal é aquela na qual ela consegue contratar os melhores serviços pelo menor preço. Eu tenho mais poder para ir embora, pois vários outros colegas não aceitaram o desafio, mas sabia que todos sairiam ganhando com minhas propostas.

A Zopa era entre mudar completamente e continuar do jeito que estava. Portanto, preocupei-me em mostrar o projeto e falar o tempo todo do propósito. Da missão do hospital.

Quanto ao relacionamento, todos eram médicos (o que facilitou) e já conheciam meu trabalho em outros hospitais. O bom relacionamento ajudou muito na confiança que eu faria as mudanças e não pararia até o resultado esperado ser mostrado nos indicadores.

Quanto à cultura, cada indivíduo é único, possui uma história única, uma formação singular e um jeito próprio de ser e de pensar. Além de religiões e crenças.

A tecnologia veio facilitar o encontro, encurtar distâncias e diminuir custos. Porém, achei muito importante o olho no olho, o encontro, a afetividade nas palavras, ver o sentimento deles e com isso conseguir meu objetivo.

Estudei bastante a rede, peguei o máximo de informação possível sobre os *players*, a Secretaria e seus representantes, fiz uma pesquisa extensa sobre o cenário. Iniciei com uma apresentação de como estava o hospital e aonde queria chegar com as mudanças, mostrando a importância do que estávamos fazendo.

Teve muita tensão no início, pois eu era novo no cargo e na rede municipal. Apresentava naquele momento minha proposta para pessoas de destaque na saúde de Niterói. Mas logo me soltei, pois estava muito preparado e sabia exatamente o que queria entregar. Muito importante ter recebido essas informações sobre o processo de negociação em aula antes de ir para essa mesa de negociação.

O interesse da comunidade deve estar sempre na frente dos interesses pessoais. Ter total transparência. Considerar todas as opções e não julgar. Nós, profissionais da área da saúde, precisamos focar no melhor resultado para o nosso usuário.

Eu estava concorrendo apenas com os RTs (Responsável Técnico) anteriores ou com a possibilidade da não mudança. A vantagem é que eu era a "bola da vez" e estava disposto a melhorar o serviço. Não queria apenas um cargo e salário.

Ter feito tais mudanças significativas e com bons resultados em outros hospitais, certamente me deu confiança e colocou-me em situação de vantagem ao que eu estava apresentando, deu-me poder! Gozar de boa reputação e respeito na classe médica.

As responsabilidades específicas que cada membro da equipe deveria ter nessa negociação seriam:

> Diretor médico do hospital – preparação (levantamento de informações – objetivos ideais reais a serem alcançados), abertura (criar um clima propício, ambiente favorável), exploração (descobrir necessidades e expectativas da outra parte), apresentação (soluções e benefícios), clarificação (retirar dúvidas e esclarecimentos).
>
> Diretor geral do hospital – concessões (se necessário), controle e avaliação e ação final (observar sinais efetivos de aceitação. Não parecer forçado).

Sempre que possível é bom envolver terceiros (agentes, advogados, mediadores, intérpretes) no processo. Neste case, eu não tinha parceiros disponíveis. Ao final da negociação, fiz um CI (comunicado interno) para garantir que o acordado fosse colocado no papel.

Temos total autonomia para assumir compromissos firmes, desde que seja com transparência, além de conhecimento técnico.

Sabemos que, para cada interesse, existem uma série de posições e por isso, devemos ser específicos nos pontos a serem negociados, demonstrando empatia e levando também em conta o interesse da outra parte. Devemos ainda manter a elegância moral, ter ética e presença participativa.

Rotas devem ser corrigidas o tempo todo, por isso, acordamos com flexibilidade. Caso não desse o resultado esperado, teria que voltar atrás, checar e fazer uma revisão no planejamento.

Se este for o caso, a doutora Nazareth orientou-me a fazer a retroalimentação do PDCA (PLAN, DO, CHECK and ACT).

Os médicos, futuras rotinas, ainda não envolvidas na negociação, também poderiam valorizar um acordo.

A cada pergunta, durante a negociação em questão, dei uma resposta cordial e firme. Afinal, eu estava muito bem-preparado, usando o outro indicador no tripé da negociação, a informação. E assim tivemos uma negociação franca, sem desvio.

A agenda abre espaço para discussão simultânea de várias questões. Esta flexibilidade é importante para o desenvolvimento dos negócios.

Um acordo é susceptível de criar valor líquido para a sociedade, gerando valor e reduzindo o dano potencial a terceiros, pensando em responsabilidade social no setor de saúde. E como trata-se de dinheiro público, é um hospital com uma missão específica: salvar o máximo de vidas possível. Porém, sempre com o menor custo possível, desde que não impacte na qualidade do serviço prestado.

Importante notar que, neste case, o diretor médico era jovem, porém já com boa experiência em gestão, o que o fazia se sentir seguro e legítimo no lugar que ocupa e com poder para abrir a mesa de negociação de forma otimista. Claramente, usou conceitos aprendidos em suas aulas de negociação para uma das etapas mais importantes da Matriz de Negociações Complexas, o primeiro passo, a preparação. Baseou-se na tríade informação, tempo e poder para elaborar suas estratégias, e com isso, fez um belo *rapport*, desenvolveu os dez passos da matriz e envolveu seus interlocutores de forma séria, consistente e emocional.

Ter traçado seu perfil antes do encontro de exposição ajudou-o a posicionar-se de forma estratégica, buscando a atenção da outra parte.

Ficou claro que seu posicionamento perante seus usuários nas mídias sociais era considerado como indicador relevante para registrar o sucesso da negociação e do serviço a ser prestado.

Todos estes cases, assim como os próximos a serem apresentados, foram criados considerando a rotina do gestor na área da saúde, para demonstrar de forma clara e real como é possível posicionar-se melhor como um negociador e, assim, alcançar melhores resultados desde que o profissional de saúde busque uma boa formação e treinamento na área.

Este livro busca justamente oferecer informações atualizadas para que seu leitor possa imaginar-se na cena e buscar também posicionar-se melhor em suas próximas negociações, sejam elas complexas ou não, sejam no trabalho ou em sua vida pessoal.

CASE 4 O próximo case demonstra como a tecnologia é importante para as negociações acontecerem e como as decisões ágeis podem ajudar a minimizar o sofrimento de pacientes com doenças graves como o câncer.

Preparando a negociação

Introdução: o objetivo desta negociação é implementar as sessões de quimioterapia com hora e leito marcados, tentando evitar, dessa forma, que o paciente, fragilizado pelo câncer, tenha que esperar o mínimo possível no setor para receber o atendimento/tratamento.

Negociador: médico (gestor do setor de oncologia clínica).

Interlocutor: funcionários do setor de oncologia clínica (recepcionistas, enfermeiros, médicos, equipe multidisciplinar, faturamento, laboratório etc.).

▷ **Dilema:** hoje as sessões de quimioterapia no setor funcionam da seguinte forma: o paciente chega no setor e vai à recepção da oncologia para abrir atendimento e aguardar o médico responsável para avaliar o exame de sangue; com a avaliação do exame, o médico libera ou não a quimioterapia; se houver alteração no exame e o paciente não estiver apto a fazer a quimio, o médico marca nova consulta e encaminha o paciente para casa; caso o paciente esteja apto a fazer a quimio, o médico encaminha o paciente à recepção de quimioterapia para abrir novo atendimento e dirigir-se à central de quimioterapia.

Essa logística causa um grande tumulto na recepção, porque os médicos aconselham todos os pacientes a chegarem o mais cedo possível e atendem por ordem de chegada; dessa forma, tem paciente que chega às 7h da manhã, mas vai ser atendido ao meio-dia, e a central de quimio tem apenas doze leitos; à medida que os médicos vão atendendo e mandando para a central, há também o tumulto na central com pacientes esperando para a realização da quimio.

Analisando sua perspectiva: o que eu busco nesta negociação é fazer o setor perceber que existe uma forma mais simples e melhor de fazer todo esse processo até o atendimento/tratamento pela central de quimioterapia, sem gerar tumulto, espera excessiva, pensando sempre no melhor para o paciente que está fragilizado e necessitando de um tratamento o mais humanizado possível.

Trabalhando a Matriz SWOT, foi possível identificar que as minhas vantagens na negociação eram: buscar reduzir o tempo de espera do paciente, melhorar o atendimento, diminuir o tumulto nas recepções, diminuir a correria das enfermeiras e técnicas no preparo da medicação.

Já a fraqueza seria minha dificuldade de convencer os colaboradores de que a mudança vai fazer bem ao setor e fazer com que todos se engajem no processo de mudança.

Os funcionários negociam comigo, porque eu fui contratado para melhorar o setor e arrumar alguns pontos que foram identificados como problemas e má gestão, mas, mesmo tendo um cargo "superior", não torna a negociação mais fácil, porque executar uma ordem por obrigação não é o mesmo que executar acreditando que é o melhor e que trará benefícios. Convencer o funcionário a mudar a rotina, inovar, sair da zona de conforto não é tarefa fácil.

Eu estou desempenhando uma função que é nova para mim; dessa forma, eu não tenho lições de negociações anteriores neste nível de complexidade.

A negociação ocorre no dia a dia, dentro do setor de oncologia, sempre corrigindo e explicando e tentando exemplificar o motivo das mudanças.

Considerando o tempo em que as conversas duram geralmente, seria o suficiente para tentar convencer o colaborador do porquê da mudança, quais os benefícios ela vai gerar e que precisa ser implementada já.

O maior interesse nesta negociação seria obter êxito e fazer os colaboradores acreditarem que a mudança é benéfica; trazer bons resultados a partir desta mudança, vai trazer mais confiabilidade e respeito em cima do trabalho desempenhado, dessa forma facilitando no convencimento para as futuras negociações.

Neste tipo de situação, a melhor alternativa, a minha Batna, é voltar a fazer da forma que era feito, pois o serviço funcionava, não da melhor forma, com todos os defeitos, mas funcionava.

O objetivo mais ambicioso e que não chega a ser ultrajante é ver todas as mudanças que foram propostas aplicadas, porque elas foram pensadas exatamente já se propondo a serem mudanças cabíveis, sensatas e aplicáveis, e na certeza que trarão benefícios para o setor.

Acredito que, para meus interlocutores, manter tudo como está é favorável, pois já estão acostumados com a rotina, mesmo não sendo a melhor maneira de ser feito o serviço. O desafio é fazê-los entender que as mudanças no início podem tirá-los um pouco da zona de conforto, mas será benéfica para todos do setor, tirando das costas de muitos, responsabilidades que não competem aos mesmos e dando respaldo ao seguir o protocolo.

No processo de convencimento, uma das alternativas é utilizar o Batna como forma de convencer os colaboradores a aceitarem as mudanças, justificando que, caso essas mudanças não tragam melhorias, as coisas voltarão a ser como eram, sem mudanças.

O meu relacionamento é novo, pois sou novo no cargo e venho de fora do setor. Isso pode facilitar ou prejudicar, vou precisar construir um bom relacionamento com todos.

Existem negociações que acontecem estritamente por meio da tecnologia. Um exemplo é com relação à compra de quimioterápicos para o setor; geralmente, o representante do laboratório vai ao hospital apresentar o produto, mas toda a conversa com relação ao melhor preço é feita via e-mail ou WhatsApp. Eu vejo várias vantagens na negociação eletrônica, pois lhe proporciona tempo para pensar, analisar e pesquisar sobre as possibilidades, mas fica lhe devendo o olhar no olho, que, por mais que uma videoconferência tente oferecer-lhe isso, não é a mesma coisa.

Antes de todas as negociações com a minha equipe, eu entro em contato com eles para identificar os problemas, as necessidades, para pensar nas melhorias, nas formas de fazer essa melhoria, para poder sugerir as mudanças e é na hora de aplicar as mudanças que entra a negociação.

Eu lido diretamente com os chefes de equipe e funcionários, tentando sempre demonstrar que todos temos as mesmas obrigações, trabalhar em prol do melhor funcionamento da oncologia clínica, dando liberdade e acesso direto de todos a mim para quaisquer dúvidas e reclamações.

Acredito que o mais importante é tentar passar para a equipe que todas as pessoas são importantes para o processo, desde a faxineira ao médico; o serviço só funciona com a participação ativa de todos; então, a maior armadilha é fazer todos entenderem que são igualmente importantes, independente do cargo que ocupam, e que todos merecem ser tratados com respeito, porque se um fizer "corpo mole", o trabalho de todos é comprometido.

Nesse caso, eu não tenho concorrentes, apenas parceiros que podem aderir à minha negociação de forma empática ou não.

A experiência de outros hospitais que já executam o serviço dessa forma, com bons resultados, vai servir-me de base para justificar as escolhas do processo.

Nessa proposta de reestruturação do processo de atendimento da oncologia, eu posso assumir os compromissos e, consequentemente, os riscos das alterações na logística do mesmo.

Acredito estar bem-preparado para ser o maestro desta negociação, um exemplo que envolve a oncologia e que eu tenho que lidar é na compra dos medicamentos e viabilizar a compra de medicamentos que sejam mais rentáveis dentro da área pública e particular.

Neste caso, o contrato de contingência seria voltar aonde foram feitas as mudanças e partir do ponto onde o serviço funcionava sem elas.

Acredito que talvez uma participação dos diretores do hospital em uma eventual reunião, corroborando as mudanças que estão sendo feitas para passar credibilidade e confiança no trabalho que está sendo desenvolvido, para que os colaboradores entendam que nós temos o total apoio dos nossos superiores.

O fato de manter uma relação aberta e sincera traz todo tipo de resposta, de conselhos até críticas, o que é saudável, engrandece e melhora a tomada de decisão para que se chegue na melhor proposta de mudança para o setor.

Neste case, a intenção é justamente melhorar o valor do serviço para a sociedade, para as pessoas que dependem dele; a mudança é sempre visando o maior bem-estar dos pacientes em situações frágeis e complexas, para que eles possam ser tratados da forma mais humana possível!

É assim, cases na área da saúde nos fazem refletir, sobre o peso de nossas decisões, sobre como cada uma delas pode impactar a qualidade de vida do nosso paciente e da nossa instituição.

CASE 5 Esta médica exerce cargo de gestora chefe de equipe e relatou sua rotina frente a grandes decisões urgentes e complexas que precisa tomar no dia a dia de uma unidade de saúde, onde precisa negociar e mediar o tempo todo, quando é preciso ser firme e experiente, mas também é necessário ser tolerante e empática para que todos se sintam parte das decisões e com isso haja uma aderência ao que foi decidido.

O case a seguir foi elaborado por ela como atividade para nota final do módulo de negociação da Dra. Nazareth, e mostra, mais uma vez, a importância da capacidade técnica de uma profissional de saúde que exerce o lugar de gestora e negociadora, já que suas decisões podem impactar diretamente a vida do usuário e a sustentabilidade do seu sistema de saúde, mas também demonstra a necessidade de que ela conheça a prática, a rotina na assistência e o cenário em que está inserida para que sua equipe confie em suas decisões e posicionamentos, sempre na busca de melhor entrega de valor nos serviços prestados, e que ela faça isso com equilíbrio, visão multidisciplinar e escuta empática e colaborativa.

A unidade de saúde em questão localiza-se em uma região central e possui um grande número de atendimentos diários, das mais variadas complexidades. Sendo assim, as medidas estratégicas adotadas visam priorizar o atendimento imediato, com base no gerenciamento de leitos no fluxo de pacientes da demanda externa que chegam por meios próprios ou em ambulâncias dos bombeiros e SAMU (Serviço de Atendimento Móvel de Urgência), assim como das clínicas da família que se referenciam para a unidade hospitalar, em total equilíbrio nos critérios de atendimento e grau de risco, melhorando assim para o desempenho organizacional do hospital e obtendo uma melhor qualidade no serviço.

Estrategicamente, são definidos líderes em cada equipe que compõem o setor emergencial do hospital. As equipes diferenciam-se por especialidades, que são representadas pelos seus *staffs*. A emergência hospitalar é composta por equipes multidisciplinares e por um chefe de equipe, que se relaciona com todos os setores do hospital. Seu papel é decisivo nas tomadas de decisões vitais ao serviço como também nas mediações das negociações internas dos setores da emergência.

A chefia de equipe desempenha um papel central na organização de uma emergência. A emergência de um serviço com muitas demandas apresenta muitos conflitos e complexas interações entre as unidades internas e externas.

Para isso, o chefe de equipe necessita ter a visão geral dos processos e, ao mesmo tempo, conhecer a intimidade do serviço. É necessário conhecimento técnico para colaborar com seus colegas em decisões médicas muitas vezes difíceis, ter capacidade psicológica, competências emocionais para manter o equilíbrio do plantão e de todos seus colaboradores. Fazer valer os fluxos e protocolos, estimulando o seu cumprimento e orientando, sempre que possível, as normas éticas do plantão. A ação do chefe de equipe é de extrema importância para o desempenho dos processos hospitalares e na qualidade do serviço. É uma figura que precisa ser admirada para que toda equipe possa confiar em suas decisões.

A negociação parte da tomada de decisão realizada pelo chefe de equipe diante do seu cargo, sua postura de liderança e sua ação como mediador de conflitos, trazidas pelas equipes médicas de emergência.

O problema a ser negociado se dá pela necessidade concomitante de pacientes a serem operados em caráter de emergência, onde as clínicas cirúrgicas não entram em acordo de prioridade e, por sua vez, a decisão ser levada ao chefe de equipe.

Como detentora da última palavra decisiva para o desfecho do impasse em questão, espera-se, por razões éticas e técnicas, ouvir e avaliar todas as partes para que exponham seus critérios de prioridade e dar a oportunidade de todos tomarem conhecimento do caso em questão e, naturalmente, sentirem-se parte da negociação.

Minha postura, como chefe de equipe, é sempre de forma clara e objetivando os critérios de relevância a serem considerados e, por fim, se não houver uma resolução por parte das equipes, decido com o propósito de manter o equilíbrio e confiança das partes envolvidas na negociação.

Ser chefe de equipe coloca-me em uma posição de conhecimento dos processos e protocolos que envolvem a emergência de um hospital; ter o controle de todo o fluxo interno e externo que ocorrem ininterruptamente durante todo o plantão; conhecer suas equipes médicas e as multidisciplinares; saber reconhecer as necessidades mais urgentes dos nossos clientes, priorizando essas demandas.

Meu perfil de negociador: chefe de equipe – médico de emergência.

> **Interlocutor:** *staffs* das clínicas cirúrgicas: cirurgia ortopédica; cirurgia geral;
>
> **Centro cirúrgico:** equipe de anestesistas; administração: setor de regulação de vagas internas do hospital, unidade de terapia intensiva e leitos de enfermaria.

Os pontos fracos na negociação seriam: o baixo poder de barganha com os especialistas, o número reduzido de profissionais e a deficiência na aquisição de materiais e equipamentos.

Um conflito é gerado quando, entre as equipes, ocorre um impasse na decisão de prioridade em relação à cirurgia de emergência de seus clientes. Quando, por fim, não conseguem essa definição, trazem ao chefe de equipe para que se defina o impasse e priorize a cirurgia da equipe de maior critério de risco e benefício dentro dos processos éticos estabelecidos pelo serviço prestado. Sendo assim, ao final da exposição, a decisão é critério da chefia de equipe.

Vejo que, quanto maior envolvimento entre as equipes, diálogos dos casos, coparticipação nas decisões, mais facilmente conseguimos a resolução das questões de conflito que surgem. Quando tenho equipes que não se envolvem com os demais setores, como centro cirúrgico, unidade de terapia intensiva ou mesmo administrativos, torna-se mais problemático e maior é a necessidade da minha participação no desfecho do conflito.

A negociação ocorre apenas quando tenho que definir prioridade na cirurgia de emergência entre duas equipes distintas. Nesse momento, reúno as partes para ouvi-las e decido quando não chegam num consenso.

O tempo de negociação ocorre em no máximo dez minutos, já que são decisões emergenciais e não há tempo hábil para prolongar ou rever os critérios.

Ouve-se as partes, e definimos a conduta.

As negociações surgem de forma inesperada, os assuntos são da rotina da emergência de um grande hospital. São negociações com os colaboradores ou com os clientes. Muitas vezes, as negociações com os clientes externos são as mais difíceis por estes não conhecerem a dinâmica de um hospital de emergência.

Logo, meu interesse nas próximas negociações é reduzir os conflitos entre os clientes internos e/ou externos, facilitar a dinâmica e a comunicação interpessoal entre os grupos e ser acionada somente nos casos em que seja realmente necessária minha atuação.

Isso mostra o quanto é importante ser um negociador mediador, um ouvinte empático, mas com atitude na hora de uma decisão difícil, que é tão rotineira na área da saúde.

Chegando no impasse da negociação, o chefe de equipe entra primeiramente como mediador.

Sempre se chega a um acordo no final, podendo ser das equipes ou definido por mim.

Meu ponto de aspiração é que não se chegue ao conflito e que as partes consigam definir a prioridade das cirurgias em questão.

Quando ocorre um impasse, os interlocutores visam priorizar seus pacientes. Nesse momento, cada um reconhece a gravidade cirúrgica da sua especialidade.

Sendo empática e colocando-me no lugar do meu interlocutor, considero que podem realizar a cirurgia em tempos distintos, mas, ainda assim, não cedem para a outra equipe.

A flexibilização na negociação reflete a vontade de entrarmos em um acordo.

É possível um acordo quando as partes conseguem rever a prioridade da urgência cirúrgica caso a caso, tendo como objetivo final o bem-estar dos pacientes.

Nosso relacionamento é extremamente próximo com os colegas de trabalho e nossas negociações são muito comuns durante todos os plantões. Não existe histórico, pois cada definição de caso é pontual e única para aquele momento. O que certamente facilita as negociações.

Existem diferenças culturais, como em qualquer sociedade ou instituição, seja ela da área da saúde ou não. Entretanto, essas diferenças devem ser superadas, visando o bom funcionamento do serviço e o melhor tratamento ao nosso cliente final.

As negociações se dão com as equipes presentes envolvidas no caso em tempo real, onde a decisão precisa ser rápida e eficaz; com isto não podemos perder tempo, já que a vida do paciente está em jogo.

Caso exista um conflito na equipe, o critério que eu adoto é abordar, primeiramente, o mais exaltado, e, por último, o mais cooperativo, mas antes, levanto as questões e por final, faço o desfecho.

Não há hierarquia entre o nosso time, são todos parte de uma equipe e não há influência no padrão de conversa, busco sempre a conversa.

É preciso ter cuidado com a decisão a ser tomada por implicar em especialidades distintas e cada uma com suas peculiaridades. Manter os protocolos e processos internos como limiares nas decisões são fundamentais.

A posição conferida ao chefe de equipe por si só já impõe respeito nas equipes, mesmo sendo um mediador que se baseia nos processos e critérios determinados pela ética, onde o chefe de equipe é o próprio negociador, sem outros membros que não sejam os interlocutores.

A negociação envolvida em questão é baseada em interesses, e estou totalmente habituada com esses conflitos. Em diversas ocasiões, deparei-me com alguns embates entre equipes onde uma tomada de decisão errada ou precipitada poderia envolver uma crise no serviço, e todos dependem da sua última palavra. Há momentos em que simplesmente depositam em você toda a responsabilidade, apenas para se ter um responsável e outra vez, realmente, para compartilhar de uma decisão crucial para o bom andamento do serviço e fundamental para vida do paciente.

Na chefia de equipe, a meu ver, não existe possibilidade de relacionar as prioridades. Deve-se resolver a única prioridade do momento para depois então gerar a próxima. As negociações são levantadas de imediato e se resolvem com a mesma rapidez. Temos que ter a mente hábil e ágil, para todo tipo de impasse. Assim, aceito os desafios que o cargo exige e aprendo, a cada negociação, um ponto forte e outro fraco e enriqueço minha experiência a cada caso vivenciado.

Apesar de ser uma negociação pontual, cria-se um valor líquido para a sociedade quando o acordo aperfeiçoa os processos, conferindo maior eficiência na prestação dos serviços que, neste caso, é voltado para a população.

Apesar de decisões complexas e emergenciais, as negociações nunca causaram danos ou prejuízo para os pacientes em questão, já que normalmente a determinação acaba sendo em comum acordo e a aceitação da prioridade muitas vezes é cedida pela outra no momento da negociação e a equipe é bastante qualificada para tais decisões.

CASE 6 — PANDEMIA COVID-19 e Eu
(Relato de um Cidadão, Médico e Gestor).

Negociador: Médico Gestor

Introdução (apresentando uma visão geral do Caso):

Relatos e Vivências durante a Pandemia.

Cidadão/Médico (Assistencialista – Consultório/Família/Filho/Isolamento Social) (Visão do Cidadão com visão Qualificada/ Telessaúde) TECNOLOGIA

Gestor (Implantação de Cultura de Qualidade em Unidade SUS, Inauguração de Hospital COVID, assumir unidade de Trauma do Estado)

Médico Paciente (DOENTE COVID/ INÍCIO DOS SINTOMAS/ DIAGNÓSTICO/ Sintomas/DESAFIOS/OPORTUNIDADES/REABILITAÇÃO) FOCO NO FUTURO. TECNOLOGIA

Médico (Consultório – Up de Movimento e Surfando a Onda COVID-19)

Experiência Gestor no Hospital COVID-19 – SABORES & DESSABORES

A RESILIÊNCIA

MAIORES AQUISIÇÕES/ PERDAS

SEGUNDA ONDA chegando

Perspectivas ANTE AO NOVO NORMAL.

Era janeiro de 2020, eu fui convidado a integrar um projeto para estruturar a rede de urgência e emergência de um município da região metropolitana II. Fui designado à única unidade hospitalar do município que mantinha a expectativa da inauguração de uma nova unidade, que seria a solução para antigos desafios da saúde. Havia a necessidade de se desenvolver uma cultura de melhoria contínua, em preparação para uma transição mais suave do modelo de administração direta da saúde para um modelo de contrato de gestão por organizações sociais. Os desafios eram grandes; percebi a grande influência política sobre os processos de trabalho da unidade, diferentes tipos de vínculo e remuneração de indivíduos exercendo a mesma atividade, além da cultura de baixa expectativa de colaboradores, líderes e usuários do sistema de saúde do município. Mesmo assim, percebi que era possível, por meio da aplicação de algumas ferramentas gerenciais, dinamizar a assistência e alcançar rapidamente resultados muito expressivos. Estava muito otimista com o desafio e apostei em construir aliança com a equipe multidisciplinar, trazendo-os para o centro da tomada de decisão.

A primeira barreira foi a relação com os gestores da unidade, que por não terem sido claramente notificados que receberiam apoio de pessoas de fora da unidade, sentiram-se invadidos e desprestigiados. Não foi muito amistosa a recepção, inclusive com alguns ruídos de relação profissional. Logo, iniciei movimentos de aproximação para clarificar o meu papel de aliado. Nas primeiras semanas, as atividades foram divididas em: conquistar a credibilidade do *staff* da instituição, não causar desconforto entre os gestores locais e, ao mesmo tempo, iniciar as atividades que resultariam em melhoria dos processos assistenciais. Fomos progredindo bem, formalizando acordos, estruturando processos, e logo o resultado já era percebido.

As pessoas estavam animadas e os bons resultados já traziam para o centro das ações de melhoria, até mesmo, os mais resistentes. Minha missão inicial era preparar a unidade hospitalar a qual havia sido alocado para passar bem pelo carnaval, dado que a população local usualmente duplica durante as festividades. Assim foi feito. Apesar de nitidamente alcançarmos os resultados acima da expectativa, fui solicitado a recuar em algumas atitudes, pois um dos gestores estava se sentindo desprestigiado, embora tenha se afastado das atividades e dos processos. Mais uma vez, agora por recomendação, aproximei-me do gestor para passar minha posição de aliado e afirmei que estava ali para colaborar. Passamos bem pelo carnaval, a unidade cumpriu sua missão assistencial sem sobressaltos e mantinha o giro de leitos de modo nunca produzido, passando por um bem-vindo período sem superlotação na emergência.

Ao mesmo tempo, havia relatos diários nos telejornais e nas rádios sobre uma epidemia viral que teve origem na China e com a característica de um poder de disseminação assustador. Dia a dia o vírus atingia países cada vez mais distantes do epicentro, com novos casos e comportamento de doença ainda não bem conhecidas. O número de países com casos da doença era crescente e, sobretudo, após o carnaval, começamos a confrontar casos suspeitos. Rapidamente adaptamos a estrutura para um fluxo destacado dos pacientes suspeitos de contato ou com sintomas relativos à Covid-19.

Antecipamo-nos, instituímos um comitê de crise, começamos a gerenciar o risco de aumento dos casos, montamos tenda de triagem, capacitamos as pessoas, redesenhamos fluxos, alocamos recursos. Tínhamos time e recursos para lidar bem com o que estava se delimitando. Estávamos ainda sob a energia contagiante dos bons resultados obtidos. Recebemos então, a missão de preparar quinze leitos de terapia intensiva para acomodar os pacientes graves que já estavam surgindo no estado. Rapidamente conseguimos liberar metade dos leitos de internação clínica, o time estava perfeitamente ajustado e continuava dando uma resposta excepcional, com reconhecimento interno e extramuros. Apesar da confiança entre os principais líderes ainda permanecer elevada dada toda a performance obtida até então, já se percebia a insegurança de muitos frente ao que estava por vir, dada a confusa e variada liberação de normas e diretrizes pelas autoridades sanitárias. Nitidamente, percebia-se a perda do decoro científico e metodológico peculiar ao desenvolvimento de protocolos, estudos e diretrizes que iriam fazer parte do arsenal terapêutico no combate da nova forma de síndrome viral que ganhava o mundo. Profissionais doutores e altamente qualificados assumiram atitudes e posicionamentos que, em outro contexto, fossem, até mesmo pelos próprios, percebido, seriam imediatamente corrigidos ou rechaçados, a incerteza e a falta de preparo técnico-científico e emocional para uma situação de crise como essa onde não existia protocolo algum para o manejo clínico e gerencial para lidar com tudo que estava acontecendo e, o pior, com o que ainda estava por vir.

Passamos pela crise da identificação dos casos suspeitos, do que fazer com os contactantes vindos de viagens internacionais, dos equipamentos de proteção individual e dos insumos em geral. Apesar disso, seguimos à frente de todos os modelos de contingência do estado. Progressivamente o número de casos autóctones foi aumentando. Mas nada fora da capacidade instalada do município.

Em março, foi decretado estado de pandemia pela OMS e o *lockdown* ganhou corpo. As pessoas, as mais precavidas e instruídas, foram adotando as medidas de distanciamento social, muitos permanecendo em suas casas e assumindo novos comportamentos como o *home office* e novos hábitos de consumo. Por outro lado, inúmeras pessoas mantinham suas atividades habituais, muitos por desconhecimento da criticidade da situação, outros por pura falta de opção por terem suas fontes de renda comprometidas, por serem intimamente relacionadas a atividades de prestação de serviços, até mesmo na informalidade.

Em meu consultório, as atividades de novas consultas foram naturalmente diminuindo, embora não pudesse abandonar os acompanhamentos pós-operatórios em curso. Todas as cirurgias eletivas não essenciais foram suspensas.

Pessoalmente confesso que, dada a proximidade da assistência e em constante movimentação na unidade de internação, imaginava que pudesse, mais cedo ou mais tarde, ser infectado. Torcia para que, caso acontecesse, eu tivesse a forma mais branda da doença ou até mesmo que desenvolvesse imunidade com sorologia IgG sem sintomas.

Ao mesmo tempo, morria de medo de levar o vírus para o lar, já que meu filho tinha pouco mais de um ano e meio de vida. Mesmo sob o mesmo teto, iniciei algumas medidas para, pelo menos, minimizar a chance de contaminá-los. Iniciou-se desde então, uma corrida para armazenar álcool e máscaras que conferissem a proteção mais adequada. Assumi novos hábitos, passei a dormir no escritório e, mesmo sem sintomas, mantinha certo distanciamento, usava máscara em casa e evitava muito contato físico, uso constante de álcool, mantendo-me fora do horário de trabalho em casa, saindo somente para compras.

Em família, tornava-se cada vez mais difícil para manter meu filho e a mãe dele em casa, e, em segurança, trata-se de uma pessoa muito ativa e independente, que contava com o apoio de uma babá e uma empregada doméstica para a manutenção da ordem da casa e estava confinada no lar por imposição das autoridades sanitárias. Com o *lockdown* em curso, dispensamos as duas colaboradoras. Passou a haver muita inquietação dela por passar a enfrentar atividades que antes eram executadas pelas colaboradoras. Embora ela estivesse formalmente em *home office* desde antes da pandemia, era muito complicado para ela aceitar que eu devia manter minhas atividades profissionais de modo presencial. Tendo em vista a possibilidade de eu me infectar, mesmo com todas as precauções, já alertava para a possibilidade de eu ter que me distanciar do convívio junto a eles por uma questão de segurança. A ideia de isolamento, embora me gerasse inquietude, era uma possibilidade concreta. As medidas de cuidado com roupas, sapatos, uso de antissépticos eram cada vez mais rigorosas. Uma espécie de neurose estava conflagrada pela sensação de medo coletivo e das informações imprecisas que a cada minuto surgiam nas palmas das nossas mãos. Informação demais na maioria das vezes atrapalha.

Com o passar dos dias, cada vez mais, apesar do distanciamento social em curso, assumimos as tecnologias, *On Tap*, de chamada de vídeo, individual e em grupo para manter contato com amigos e familiares. Houve, inclusive, reaproximação de diversos amigos de infância e de escola. Isso de fato foi uma grande revolução. Não dá para dizer que o uso da tecnologia em si foi a inovação. Inovador mesmo foi o propósito do uso da tecnologia, aproximação social, familiar e parental. Muitos colegas passaram a aderir aos recursos de tecnologias assistivas para manter muitos pacientes em acompanhamento. Acompanhei duas pacientes remotamente através de videochamadas até que seus pós-operatórios assumissem condição de estabilidade.

Com a declaração da pandemia, o mercado da saúde ficou muito aquecido, até "inflamado", eu diria. Sob o prisma da necessidade crescente de leitos, insumos e recursos humanos, uma verdadeira corrida contra o tempo foi estabelecida. Muitas oportunidades foram se delimitando. Inúmeras necessidades foram se avolumando.

O projeto de abertura da unidade que representaria a solução dos problemas do município em que estava alocado, ganhou viabilidade pela declaração do estado de calamidade no estado. O ambiente político no município agitou-se, e as ações e a pressão sobre o sistema de saúde intensificaram-se pelo fato de então ser um ano eleitoral. Essas interferências de cunho político passaram a impactar o desempenho da unidade onde havíamos conquistado concretos avanços. Entraram as organizações sociais para o cumprimento dos contratos de gestão.

Fui chamado a compor a equipe de implantação dos processos assistenciais para nova unidade que iria ser inaugurada com a pressa de atender os pacientes de Covid-19 do município. Após um período conturbado de estabelecimento da OSS (Organização Social de Saúde) que iria assumir o contrato de gestão, iniciamos as atividades. Era um enorme número de pessoas, distribuídas em grupos, cada um destacado a conduzir uma etapa, processo ou fluxo até a abertura da unidade com a missão de receber pacientes acometidos por uma doença de comportamento ainda desconhecido por muitos, dadas as incertezas por normas sanitárias flutuantes, dificuldade em adquirir insumos que, quando era possível se adquirir, não se sabia quando iria se receber. Não obstante os desafios, conflitos e dilemas habituais nos processos de implantação de unidades de saúde, surge um novo e talvez o maior desafio enfrentado por mim até então. Um dos integrantes da equipe de implantação estava contaminado e passou a disseminar o vírus entre alguns dos outros integrantes.

O ritmo de trabalho era bastante intenso, os direcionamentos não eram muito claros. Ainda havia direcionamentos que sofriam forte influência política. Formaram-se três grupos que, apesar de que os objetivos devessem ser os mesmos, muitas vezes esbarramos em ações conflitantes e negociações complexas para que seguíssemos avançando.

Certo dia, chego em casa com a sensação de mal-estar e dor no corpo, que embora pudesse ser apenas resultado de dias difíceis, já optei por me distanciar, mesmo sob o mesmo teto. Já havia colhido três exames, mas todos negativos. Foram três dias com sintomas leves até que perdi o olfato. Nesse momento, percebi que poderia estar infectado, já era tarde da noite, estava isolado no escritório. Nessa época, diversos profissionais de saúde haviam sido internados, alguns morreram, uns jovens.

Uma enorme quantidade de pensamentos, sentimento de insegurança e medo tomaram conta de mim. Saí muito cedo para colher o exame de PCR, mantive todos os cuidados em casa, precisava me distanciar efetivamente deles, usei máscara de proteção máxima, álcool spray, evitei ficar circulando, fiquei na rua por três dias habitando meu carro. Lamentavelmente já havia uma comunicação frágil no lar, a minha intenção de distanciamento não foi percebida como um ato protetivo, dada a gravidade do caso e assumiu ares de hostilidade. Deixei o protocolo da coleta do meu exame em casa. Para minha surpresa, soube que tinha o diagnóstico de Covid-19 pelo comentário de terceiros que souberam do meu diagnóstico, antes de mim.

Fiquei revoltadíssimo, senti-me invadido, fiquei mal, tivemos uma discussão gravíssima por telefone. Com febre, mal-estar, muita dor no corpo, fui para o meu consultório onde dormi por duas noites. Fui piorando; era sábado e, no domingo, era meu aniversário. Minha família toda mora em outro estado. Não queria preocupá-los. Não adiantaria compartilhar isso com eles, que não teriam como ajudar a mil e quinhentos quilômetros de distância. Decidi ir para casa, contrariado, com medo de contaminá-los. Avisei que chegaria e que deveriam evitar o contato comigo. Ao chegar em casa, ao vê-los, fiquei emocionalmente muito abalado, dado à consciência de que estava se iniciando o período chamado tempestade imunológica, onde os sintomas ficam mais marcados com alguns desfechos desfavoráveis, já por mim conhecidos como médico que acompanhava de perto a realidade de muitos pacientes que evoluíram para formas graves.

Trancado no escritório, passei meu aniversário com muito medo, muito sensível e abalado emocionalmente por saber que, caso piorasse, não poderia abraçar meu filho amado, nem mesmo poderia me despedir com um beijo. Fiz de tudo para disfarçar meu enorme desconforto físico e emocional, para não transparecer o quanto possível aos amigos e parentes queridos que, por ocasião da data, fizeram contato através de chamadas de vídeo. Foi um dia pesadíssimo.

Nos próximos cinco dias, fui alternando períodos de piora com muita dor pelo corpo, dor para respirar, febre, palpitações.

Confesso que, nos últimos 48 anos, não me lembro de ter chorado tanto, e a emoção se transformava em lágrimas cada vez que meu filho me chamava ou batia à porta. Para ir ao banheiro, algumas vezes, ele me avistava e ensaiava aproximação chamando por papai e era imediatamente contido pela mãe. O máximo que me permitia era olhá-lo a pelo menos dois metros de distância, com máscara e higiene compulsiva das mãos e dos objetos tocados. No nono dia, ao ir tomar banho, tive uma sensação de desmaio e, ao perceber que poderia cair, escorei-me pela parede, deixei o corpo deslizar ao solo onde fiquei por mais de 15 minutos até ter forças para poder me levantar. Tentei, a todo custo, resistir ao uso de medicamentos, além dos sintomáticos, para "tratar" a síndrome gripal, muito por reconhecer a falta de rigor metodológico das comunicações científicas além das pobres evidências respaldando esses tratamentos. Como estava em um período chamado crítico, adotei medicação nos cinco dias seguintes, por pressão de um atento e cuidadoso colega amigo; percebi que eu já havia deixado a forma leve da doença há muito tempo e passava por situação delicada.

Após dois dias do início dos remédios, relacionado a isso ou não, tive o meu melhor dia. Os sintomas de mal-estar e dor no corpo deram uma trégua, e foi meu primeiro dia de apetite. Até então, embora reconhecesse a necessidade de manter boa alimentação, comer uma simples torrada representava, na minha percepção, algo como escalar o Evereste, tamanho o cansaço. Como se não fosse suficiente ter enfrentado todos os desconfortos da Covid-19, nesse meu melhor dia dos sintomas da síndrome gripal, comecei a ter um certo desconforto na região lombar à esquerda. O desconforto foi se intensificando ao longo do dia até que se deflagrou uma crise renal por volta das 23h30 da noite. Foram doze horas de dor que, para quem já teve, não é necessário detalhar, mas para quem nunca teve, é considerada uma das piores dores e das mais inquietantes que se pode ter. Foi uma experiência que elevou meu nível de questionamentos frente à vida, minhas prioridades e perspectivas. Não há nada que nos torne mais "humanos" que a dor física e o medo. Vencendo essas condições, não há quem não saia fortalecido. Tomei diversas decisões que estavam se limitando durante os últimos 24 meses. A esse tempo, já estava no final dos dias recomendados para isolamento.

Fui aproximando-me do meu filho progressivamente. Nos primeiros dias, sem contato e, aos poucos, retornando à normalidade. Apesar desse período de muito medo e incertezas, pude sentir a força e o poder do vínculo entre pai e filho. Minha relação com meu filho ganhou tamanha magnitude que cada segundo é mais do que valorizado e vivemos, a partir de então, cada segundo intensamente.

A paternidade nos modifica. Referenciais, metas, necessidades e desejos tomam novas cores e formas. Passado o período de extrema angústia, veio o firme propósito de investir em saúde, para ser capaz de vivenciar todas as novas oportunidades de convívio com o meu amado filho. Qualidade no convívio ganhou novo significado. Embora fosse uma vaga ideia, de um futuro ainda impreciso, com a desculpa de alcançar o melhor momento do desenvolvimento emocional e afetivo da criança, decidi que me separaria. Percebi que deveria estar bem comigo mesmo para cuidar de alguém tão precioso. Aconselhei-me com pessoas que haviam passado pela experiência da separação dos pais em vários momentos da infância. Refleti, medi e conclui que nada seria pior que manter uma relação afetivamente, já em situação falimentar, em detrimento de um convívio que levaria meu filho a presenciar embates e discussões que certamente poderiam resultar em dor e sofrimento afetivo nesse período de extrema importância do seu desenvolvimento. Sob algum prisma, poderia parecer uma decisão egoísta, mas estou certo de que foi uma escolha que será, por ele, muito bem compreendida logo à frente, quando tiver maior discernimento e em condições de melhor comunicação, onde não teremos a menor dificuldade de debater, com muito amor e ternura. Não foi a pandemia, foi sim um momento em que as emoções clarificavam a necessidade de enfrentamento de questões que estavam sendo mantidas em estado latente.

Nesse período, os desafios profissionais não cessaram. O hospital foi inaugurado exatamente no dia em que tive o diagnóstico. Problemas com o RH médico, ao qual era o responsável e fluxos assistenciais que iam sendo adaptados conforme a assistência ia se consolidando. Após quatorze dias de isolamento, estaria apto a retornar, mas fiquei muito debilitado. Levei ainda mais uma semana para me sentir em condições para o retorno das atividades usuais de trabalho, com o rush habitual e o tremendo deslocamento comum à atividade médica no país.

Retornei ao trabalho no período em que iniciaram a flexibilização do acesso aos consultórios privados. Havia uma esperança de que tínhamos boas perspectivas. Estávamos otimistas, reabrimos para novas consultas, marcamos diversas cirurgias, operamos muitos pacientes que haviam reservado recursos para viagens que foram frustradas pela pandemia. Esse período ficou marcado pelas inúmeras oportunidades de expansão das atividades profissionais como cirurgião, ampliamos o consultório oferecendo novos produtos e serviços, além de surgirem novas oportunidades como gestor de unidades de saúde.

Fui convidado a assumir uma unidade estratégica, dentro da rede estadual de saúde, o único centro de trauma consolidado no estado. Fui cirurgião durante quatro anos, lá, onde participei ativamente da consolidação do serviço. Obviamente, por conhecer o potencial da unidade, aceitei imediatamente, muito por confiar e contar com o apoio da alta gestão do complexo. Percebi o tamanho do desafio de resgatar a moral de um time de profissionais que enfrentam uma realidade desfavorável, num período de onze meses, dada a mudança da gestão do complexo de saúde, onde a unidade é alocada. O time estava inseguro, reativo e descrente, pois estavam com atraso de dois meses de repasse e salários. Conhecia a grande maioria dos médicos e muitos dos de enfermagem. Sempre tive ótima relação com as equipes no tempo em que estive como médico assistente e, embora houvesse confiança mútua para com muitos, o clima era de muita desconfiança, e pude logo reconhecer a queda do padrão assistencial pela desmotivação e falta de continuidade dos processos aos quais haviam sido consolidados.

Como gestor, diante do desafio, logo me veio: Missão, Visão e Valores. Minha missão era trazer à unidade a performance dantes muito bem reconhecida e assumir o papel estratégico na rede de saúde do estado. Na minha visão, a unidade tinha todas as condições de protagonizar dentro do cenário local, regional e nacional como centro de excelência na linha de cuidado ao traumatizado grave. Nossos valores: estrutura física dimensionada para a linha de cuidados, RH multiprofissional capacitado, comprometimento no cuidado centrado no paciente. Percebi imediatamente a necessidade de resgate da autoestima do grupo. Seria necessário trazê-los ao centro das tomadas de decisão, desenvolver ferramentas de comunicação efetiva, propor metas claras, mapear e estruturar processos perdidos e desenvolver outros até então não conhecidos, fortalecer pactuações entre todos os envolvidos na nossa cadeia de valor. Diante desse diagnóstico, percebi que era necessário desenvolver o potencial das pessoas, fidelizando os profissionais, criando um ambiente melhor e distensionado para se trabalhar. Investir imediatamente em recapacitação da equipe multidisciplinar dada a importância que esse grupo de pessoas, que são a maioria, maior tempo de contato com o usuário na percepção de valor por parte do usuário dos nossos serviços.

Iniciamos com um curso para todos os colaboradores, leigos e técnicos para aproximá-los da nossa unidade, como protagonistas e corresponsáveis pelo resultado da nossa unidade dentro do complexo estadual de saúde. Logo, trouxemos aos colaboradores um curso específico, com chancela global que traz a temática da atuação como time com desenvolvimento de lideranças e comunicação assertivas.

As pessoas são o maior ativo das instituições de saúde, e todas as ações gerenciais estratégicas afetam diretamente as pessoas, sejam usuários e colaboradores. A pandemia ainda não acabou, os desafios persistem e devemos estar atentos aos conceitos de interoperabilidade adaptativa para que consigamos nos manter focados no nosso objetivo primário que é uma assistência de saúde eficiente, segura e humanizada para o nosso paciente. Esse deve ser o propósito de uma unidade de saúde!

Utilizando como modelo a Matriz de Negociações Complexas, a figura exposta abaixo, descreva os dez elementos de acordo com seu case (esta fase da preparação vai ajudar a organizar e estruturar seu case e suas tomadas de decisão):

Figura: Matriz de Negociações Complexas.

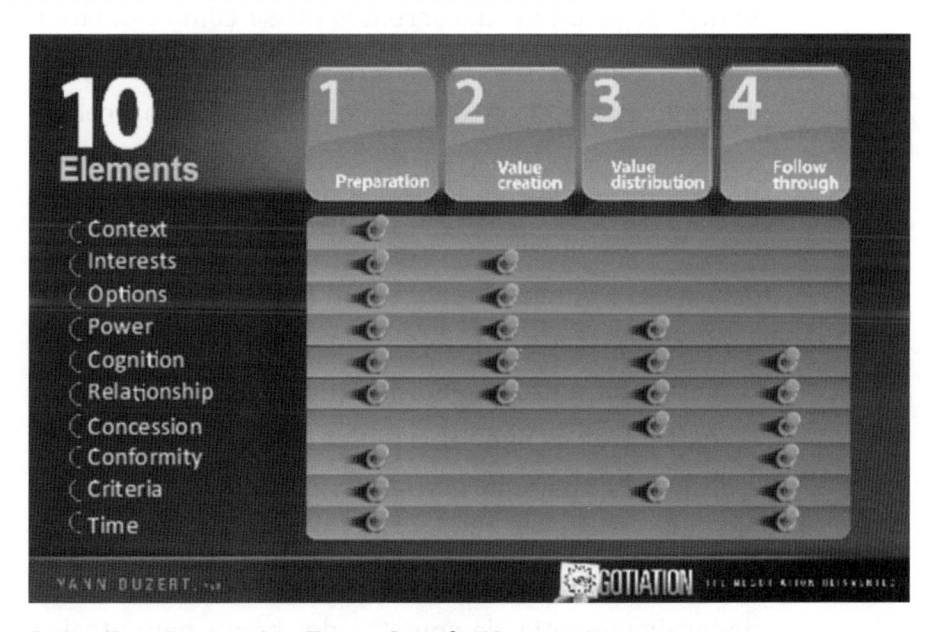

Fonte: Yann Duzert, Ana Tereza Spinola. Negociação e administração de conflitos. Editora FGV; 1ª edição (1 janeiro 2018).

Descreva, de acordo com o seu case, os elementos que fazem parte da etapa da preparação:

Contexto: a pandemia da Covid-19 trouxe inúmeros dilemas que afetam a vida das pessoas nos mais diversos campos de relacionamento, afetivo, social, profissional, econômico, financeiro etc.

Interesses: manter a capacidade adaptativa para enfrentar este desafio de magnitude global. Definir necessidades, preferências, negociável e não negociável.

Opções: aguardar passivamente, análise do cenário macroeconômico/social e de saúde ou tomar decisões e assumir atitudes proativas para minimizar o risco e administrar os danos decorrentes dessa complexa situação. Para o interesse financiamento, duas opções, por exemplo, pagar em três parcelas ou em cinco parcelas.

Poder: de magnitude variável. Interlocução complexa com diversos níveis de entendimento entre os *stakeholders*, além de um ambiente VUCA (Volatilidade, Incerteza, Complexidade e Ambiguidade). Qual é a melhor alternativa para um entendimento negociado do médico, do paciente. E o plano B, o poder de dizer não, o que os americanos chamam de Batna. Existem outras fontes de poder: poder de ameaça de recorrer à justiça, poder de ameaça de greve, de ir para concorrência. Também o poder da simpatia, da empatia, dos bônus para atrair e seduzir. As táticas de poder podem ser o bom policial/

mau policial para ser cooperativo e competitivo ao mesmo tempo. O poder das metáforas, do *storytelling* para deixar o outro ter a impressão de decidir por si próprio. O poder da autoridade e do estatuto: Diretor, Uniforme para impressionar e dominar.

Cognição: embora se exija uma racionalidade bem estruturada no método de negociação complexa, o ambiente apresenta diversas armadilhas emocionais que podem comprometer a escolha das melhores decisões. Qual é a sua definição de um bom médico, qual é a definição de paciente. Aqui falamos de epistemologia, de etimologia, de percepção. A cognição refere-se à comunicação, arte de compartilhar informação que traz persuasão. E uma pedagogia para explicar a percepção do risco de um e do outro. Também administrar a aversão ao risco do paciente e propensão ao risco do médico ou vice-versa, da busca de uma estratégia de cura. Gestão do risco, da informação, da decisão na busca de tomada de decisão racional, como conhecimento comum e consenso.

Relacionamento: negociação multilateral, diversos interlocutores, já que vários processos de negociação, simples e complexa, serão mencionados neste case, onde existem inúmeros níveis de conhecimento e barreiras de comunicação formal e informal. Quais são as suas emoções e aquelas, do outro. Quais são os comportamentos. Que afinidade de valor, de cultura você compartilha com o outro ou outra pessoa. Aqui se busca bater o santo, construir a confiança, a gentileza, o "nós", um sentido, o porquê, o que buscamos, o que sonhamos.

Conformidade: uma situação de instabilidade de referenciais de normas, conceitos e perspectivas dada a novidade da situação sanitária de nível global. O que pode ser aplicado numa outra cidade, estado, país ou continente pode não ser aplicável ou reproduzível no ambiente de negociação local. Aqui se fala de conformidade jurídica. A sua interpretação da lei e a interpretação de outra pessoa. Onde existe um *gap* a ser reduzido. Precisamos de um juiz ou podemos resolver com nossos advogados. E a margem de negociação dentro da lei.

Critério: adaptabilidade, escuta ativa, escolha das opções com menor dano possível. Como padrão, podemos falar de padrão de segurança ISO 9000, de padrão preço do mercado, padrão de comportamento na empresa. Tudo que traz objetividade, dados, fatos, referências para aumentar a credibilidade e neutralidade.

Tempo: evento em curso sem previsão de término, dando início em março de 2020, no início da pandemia, e como até hoje, janeiro de 2021, quando da confecção deste relato, ainda teremos que continuar negociando, a cada dia, com muitos interlocutores na esfera pessoal e profissional. Quando existe incerteza no futuro, podemos desbloquear impasses com contratos de contingências. Se daqui a três meses isso acontecer, fazemos X, se não acontecer, fazemos Y: é uma maneira de dividir os riscos, apostando neles. Também um é mais rápido que o outro, a importância de sincronizar. Muitos conflitos vêm de diferenciais de tempo, lento/rápido, longo prazo, e outra parte quer curto prazo, um quer um deadline, outra parte não quer deadline.

De acordo com o processo de negociação em seu case, identifique: **Batna, Zopa e Ponto de Reserva:**

Situação com Batna, Zopa e Ponto de Reserva flutuantes dada ao momento da pandemia, ambiente de hiperconectividade e consumo de recursos, ainda não amplamente delimitado, uma vez que já houve (no momento da confecção deste case) uma primeira onda da pandemia e agora, já estamos vivenciando uma segunda onda, porém tem-se a expectativa de vacinação.

CASE 7

Este case é de um aluno médico que durante a pandemia trabalhou no front, na linha de frente do enfrentamento da Covid-19, no hospital de campanha. Durante a pandemia, sua turma do curso de MBA em Saúde tinha aulas no Zoom com a Dra. Nazareth Ribeiro, e o convite para que seu case fizesse parte do livro foi porque, durante uma das tarefas da aula, ele relatou sua experiência com muita motivação!

O modelo usado por ele para preparar seu case foi enviado pela professora e por ela revisado com sua autorização:

Título do Business Case: Negociação de Conflitos em um Hospital de Campanha dentro de uma pandemia

Introdução (apresentando uma visão geral do caso): este caso ocorre dentro de uma enfermaria de hospital de campanha de Covid-19, no qual um plantonista (médico negociador) depara-se com diversas irregularidades e necessita negociar com o chefe de plantão (interlocutor) melhorias nas condições, não só de trabalho e logística, mas principalmente assistenciais àqueles pacientes internados sob a sua responsabilidade técnica.

Negociador (registre a formação, o cargo atual e o perfil desenvolvido em aula via eneagrama): médico, especialista em Medicina de Família e Comunidade, atuando como plantonista no hospital de campanha para casos de SARS-CoV-2 (Covid-19). Perfil do Negociador: Analítico (via eneagrama executado).

Interlocutor (registre a formação, o cargo atual e o perfil desenvolvido em aula via eneagrama): médico, especialista em Medicina Intensiva, atuando como chefe de plantão no hospital de campanha para casos de SARS-CoV-2 (Covid-19). Perfil do Interlocutor: O Poderoso (via eneagrama executado).

▷ **Dilema: Problema (qual é a questão a se resolver):** assim que iniciada as atividades no hospital de campanha de Covid-19, foi observado que tudo naquele local, desde os recursos humanos ao material, foi implementado de maneira rápida demais, visando suprir futuras necessidades que ainda eram desconhecidas, não só pelo fato da pandemia ser uma nova doença com protocolos clínicos não definitivos, como também de todos os demais aspectos relacionados com a relação ao paciente – profissional de saúde, logística e gestão de pessoas (equipe multiprofissional).

Ao decorrer da passagem em cada leito para realizar a evolução clínica do paciente, foi-se observando que cada paciente estava sendo referenciado como "mais um caso de coronavírus". Mas, naqueles leitos, não só existiam os casos de Covid-19 a serem observados, existiam também demais comorbidades que afligiam aqueles pacientes e que, principalmente naqueles leitos, existia uma PESSOA, com nome, família, entes queridos e sua rede comunitária. A medicina exercida nesse hospital de campanha tornava-se a mais "hospitalocêntrica" possível, onde o Método Clínico Centrado na Doença reinava nas centenas de leitos daquele pavilhão.

Pela especialização exercida por mim, detive bagagem, conhecimento, que uma evolução clínica se dava de forma mais eficiente e eficaz, quando exercemos o Método Clínico Centrado na Pessoa. Em cada leito, por mais que me ocupasse um pouco mais de tempo, mas que não iria interferir no processo de trabalho, a abordagem biopsicossocial de cada paciente fez com que fosse ao longo de cada plantão criado um vínculo com cada paciente e, junto com ele, uma expectativa de breve recuperação e dias melhores.

Somado a isso, comecei a observar que a logística desse ambiente de trabalho apresentava sérios problemas, que não só interferiam no processo de trabalho da equipe técnica, como no bem-estar e evolução satisfatória do paciente. Dentre os inúmeros problemas identificados, que alteravam toda a logística do processo de trabalho da equipe de plantão, faço citação como:

> » Apenas dois oxímetros portáteis para centenas de leitos;
>
> » Baixa quantidade de aparelhos para aferição de pressão em relação ao quantitativo de leitos existentes, que se perdiam pelo pavilhão, ao invés de ficar alocado na gaveta do mobiliário existente de cada leito;
>
> » Entrega de refeições frias ou não correspondentes às prescritas para determinados pacientes que detinham certas restrições como: hipossódicas, hipoglicêmicas, pastosas, líquidas etc.;
>
> » Ausência de recipientes adequados para pacientes urinarem, sendo realizadas adaptações como: frascos de soros fisiológicos e garrafas pet cortadas;
>
> » Risco de acidentes biológicos com seringas e demais materiais perfurocortantes infectados, expostos em caixas coletoras transbordando, deixadas no chão do leito, quando também esses materiais estavam alocados em outros recipientes não adequados, segundo as normas técnicas vigentes;
>
> » Péssimas condições de higiene, com pacientes inúmeros dias, senão semanas, sem tomar banho, escovar os dentes, pentear os cabelos;

» Instalação de maquinário de gasometria em piso inadequado, o qual apresentava erro na amostra ou até mesmo inoperância por longo período;

» Demora na entrega de resultado de exames laboratoriais solicitados, de extrema importância, em determinados momentos, exames que devem ser entregues em poucas horas, duravam cerca de dias, pois eram levados para fora do hospital para serem executados em outras unidades devido à inoperância do laboratório local;

» Ausência de medicações essenciais para outras comorbidades, tais como anti-hipertensivos, hipoglicemiantes, antifúngicos e até mesmo medicações sedativas para intubação orotraqueal e parada cardiorrespiratória;

» Ausência de máscaras de alto fluxo (com reservatório), onde eram executadas adaptações com Ambu, que são de utilização para intubação, deixando-o amarrado sobre o corpo do paciente para não cair;

» Isolamento total dos familiares com os pacientes, sem acesso a informações do estado de saúde do paciente e este, sem contato com seus familiares (sistema de telecomunicação ineficaz);

» Déficit no que tange à rotina e visitas dos diversos setores multiprofissionais que formavam a equipe, deixando pacientes em certos momentos, com demandas de extrema urgência como dispneia, quadro álgicos intensos, febre (ausência de frequência na aferição de sinais vitais dos pacientes) e até mesmo sangramentos volumosos não visualizados, pois não se examinava o paciente como um todo (episódio este descoberto por mim, em um paciente que apresentava sangramento uretral importante há uma semana, sem que nenhum profissional tenha levantado o lençol para avaliá-lo).

Porém, o que mais chamou a atenção foi que, mesmo perante todos os dilemas, problemática citada acima, a grande maioria dos profissionais fazia vista grossa, não reportando ao chefe de plantão, fazendo com que, a cada semana, o processo de trabalho se tornasse mais difícil, somada à piora evolutiva dos pacientes.

Mesmo respeitando todo processo e tempo para execução e adequação das equipes frente a este novo cenário nunca vivenciado por aqueles ali presentes, considerando toda dificuldade de logística inicial e atualização clínica e capacitação profissional, chegou-se a um determinado momento que algo deveria ser feito, caso contrário, todo o processo de trabalho se tornaria mais difícil e as consequências seriam mais drásticas ainda, não somente para o profissional de saúde, mas principalmente para os pacientes.

No terceiro plantão, quando me deparei com o caso do paciente apresentando sangramento volumoso há uma semana, sem nenhuma medida tomada pela equipe e se quer registrado em prontuário, resolvi suspender toda atividade que estava fazendo, comunicando que gostaria de me reunir de imediato com as chefias de setor e chefe de plantão. Inicialmente houve certa resistência das chefias dos setores em se reunirem, por uma simples solicitação de um plantonista de 12h/dia; porém, verifiquei que a reunião seria de extrema urgência, caso contrário, estava ali terminada toda e qualquer atividade técnica médica por minha parte.

Meio ao plantão dia, por busca ativa minha, consegui reunir todos os chefes de setores e chefe de plantão do hospital de campanha, solicitando que os chefes de setores me passassem, brevemente, frente ao chefe do plantão, as rotinas de cada um. Assim que todos repassaram seus fluxos, aparentemente bem definidos, solicitei que todos comparecessem comigo junto ao leito do paciente que estava com o sangramento volumoso. Com simples gestos de levantar o lençol, sem emissão de palavras, abria-se uma janela de reflexão de todos os presentes. O silêncio era o reflexo da ausência e do descaso que se fez durante dias de internação desse paciente, que era um dos inúmeros problemas destacados. Saindo do leito, cada uma das chefias, ao invés do pronto atendimento, solucionar primeiramente o problema do paciente, decidiu iniciar uma série de julgamentos de terceiros pela omissão presenciada. Buscando quebrar de imediato a sessão de culpabilização, fui proativo, decidindo o que cada setor e profissionais deveriam executar para terminar de vez com aquele sofrimento pelo qual o paciente passava.

Já em um segundo momento, após resolução desse caso e terminado as rotinas e visitas dos pacientes da enfermaria, chamei novamente o chefe do plantão para conversar sobre o fato ocorrido. Surpreso, o interlocutor manteve a postura de apenas culpar um ou os responsáveis pelo descaso, porém que no final de tudo estava sob sua gerência. Questionei-o sobre não somente o evento, mas sobre todas as condições com que a enfermaria do hospital se encontrava chegando ao ponto crucial: fazer com que o interlocutor refletisse todas as suas atribuições e responsabilidades técnicas perante aquele plantão, aquelas equipes e aqueles pacientes. Sobre as penalidades que ele poderia sofrer perante o Conselho Regional de Medicina, pela omissão e descaso ali encontrados. E, por fim, sobre o risco do abandono de serviço pelos profissionais que estavam sobrecarregados e trabalhando em um ambiente sem logística, sem gestão de saúde de qualidade.

Apesar de no início culpabilizar terceiros e resistência de reconhecer a sua responsabilização técnica, finalmente o chefe de plantão percebeu o quanto a sua posição de chefia estava fragilizada e ameaçada perante aquele cenário de caos. Em seguida, correspondi com empatia e tratei os fatos junto a ele, buscando auxiliá-lo no que fosse possível, para solucionar todos os conflitos e problemas encontrados. Estava disposto a encarar as dificuldades iniciais, junto com o chefe de plantão, mantendo minhas funções, desde que nos plantões seguintes, começasse a observar a reciprocidade por parte da chefia, em buscar tais melhorias. Não havia possibilidades de prosseguirmos com riscos biológicos, ausência de medicações de extrema importância e, principalmente, condições dignas para os pacientes (Ponto de Reserva). Porém, mesmo que exposto o ensejo por quantidades de máscaras de alto fluxo, oxímetros e demais materiais de trabalho de forma proporcional aos leitos vigentes (Batna), conseguimos com que condições satisfatórias fossem entregues ao longo do tempo, dando possibilidade da equipe multiprofissional prosseguir com um trabalho de qualidade, visando sempre o alcance de novas melhorias ao longo do processo (Zopa).

Podemos observar que a urgência na tomada das decisões foi necessária, vide o cenário de pandemia e incremento dos casos, não só por mim, plantonista (negociador), como também pelo chefe de plantão (interlocutor). A relação entre os entes, mesmo que inicialmente de difícil acesso e transparência, desenvolveu-se ao longo do tempo de forma respeitosa, gerando uma confiança e credibilidade, sempre em conformidade às regras de *compliance*, alcançando-se, por fim, uma negociação integrativa (*win-win*), já que foram atendidas às expectativas de todas as partes.

Com muito esforço por ambas as partes, foram sendo percebidas melhorias, por mínimas que fossem, mas que algo diferente estava sendo feito pela aquela equipe. Talvez não ainda por todos, mas que um novo clima de equipe, empatia e, acima de tudo, resiliência estava sendo criado naquele "novo normal" que estávamos vivendo, mesmo perante toda instabilidade emocional em que todos os profissionais de saúde se encontravam.

Portanto, neste caso, é imprescindível destacarmos que se não fosse pela criação de valor executada pelo negociador no início do processo, o qual já detinha conhecimento quanto às atribuições de uma responsabilidade técnica médica, conforme as normas técnicas do CFM, não seria possível o reconhecimento do valor do capital intelectual (ativos intangíveis) pelo interlocutor.

Com o case relatado fica clara a importância do conhecimento técnico, da prática e dos conhecimentos como negociador em saúde para que as tomadas de decisão sejam conduzidas assertivamente e focadas na direção do valor e qualidade para o paciente!

CASE 8 Este case foi elaborado por uma aluna que não é médica, diferente de todos os outros cases. E por que o case dela entrou no livro? Bom, ela faz o MBA em Saúde e, por ser advogada atuando na área da saúde, foi convidada a participar. A proposta para ela foi bastante providencial, pois mediante a pandemia, algumas decisões foram feitas para o enfrentamento da Covid-19 e entendemos que uma advogada poderia nos contextualizar quanto às questões jurídicas envolvidas!

Segue o case, que foi descrito seguindo um modelo que a Dra. Nazareth Ribeiro enviou para a turma executar o trabalho de final de módulo da sua disciplina.

Título do Business Case: Busca por Melhor Tratamento

Introdução: paciente oncológica, 40 anos, em tratamento para o câncer de mama, fazendo uso da medicação tamoxifeno (hormonioterapia). Ressecção de tumor 100% receptor hormonal, estrogênio e progesterona. Paciente realizou testagem genética, acusando predisposição para neoplasia nas mamas, ovários e pâncreas.

Outras considerações acerca da paciente:

» Portadora de hipotiroidismo e resistência à insulina, sendo previamente acompanhada por médico endocrinologista;

» Largo histórico de problemas hormonais, incluindo miomas, cistos, pólipos e endometriose infiltrativa com tumor de parede do abdômen;

» Histerectomia total recente (aos 38 anos). Ovários foram mantidos para evitar uma menopausa precoce.

Em exame de rotina, médico ginecologista detecta um aumento considerável no estrogênio da paciente e solicita consulta com sua oncologista a respeito da medicação coadjuvante no tratamento do câncer, pois, segundo ele, tal medicação não está cumprindo com seu objetivo, podendo assim, expor a paciente ao risco de desenvolvimento de nova neoplasia.

O oncologista diz à paciente que a medicação nada tem a ver com o aumento do estrogênio e que esta deveria consultar sua endocrinologista.

A endocrinologista concorda com a ginecologista que há algo errado e que é necessário corrigir a taxa de estrogênio da paciente, a fim de evitar um segundo câncer.

Ginecologista solicita exames de imagem nos quais detecta tumor no ovário da paciente. Ginecologista indica remoção cirúrgica dos ovários. Oncologista se omite. Paciente não quer ser submetida à nova cirurgia.

A seguir, a aluna vai traçar o perfil (de acordo com a análise feita por ela depois das atividades de traço de perfil desenvolvidas em aula):

Negociador (registre a formação, o cargo atual e o perfil desenvolvido em aula via eneagrama):

A paciente. Formação: administradora de empresas. Cargo atual: diretora executiva. Perfil via eneagrama: tipos 5, 1 e 2 – o analítico, o perfeccionista e o ajudante.

Interlocutor (registre a formação, o cargo atual e o perfil desenvolvido em aula via eneagrama):

O médico oncologista. Formação: médico oncologista. Cargo atual: médico de instituição oncológica. Perfil via eneagrama: tipos 5 e 6 – o analítico e o precavido.

▷**Dilema:** **Problema (qual é a questão a se resolver):** *São vários os dilemas encontrados neste* case. Em primeiro lugar, observamos a autonomia da paciente na recusa do tratamento sugerido por sua médica frente à tecnicidade do profissional especializado. É possível notar também o sofrimento dessa paciente com a divergência de informações fornecidas por seus médicos. A responsabilidade médica no dever de informação e a falta das explicações necessárias da oncologista à paciente.

É importante ressaltar que todo o exposto ocorreu em meio à pandemia da Covid-19, e as implicações que isso gerou sobre o fato. Paciente no grupo de risco precisa ir à consulta médica presencial? Vale a pena se expor e agravar ainda mais seu quadro clínico? Paciente deve ser submetida à cirurgia diante da lotação dos hospitais? Afinal, qual a melhor opção para a paciente? E a respeito dos médicos envolvidos, eles estão amparados legalmente ou poderão sofrer alguma demanda judicial futuramente? De que forma os médicos poderiam se resguardar numa situação como essa?

Como é possível perceber, várias negociações serão necessárias. Para facilitar ao leitor, vamos contextualizar juridicamente falando:

Logo no início da pandemia, em 19 de março de 2020, o CFM emitiu ofício de número 1.756/2020 ao ministro de Estado de Saúde, reconhecendo a possibilidade e a eticidade da utilização da telemedicina. No dia seguinte então, 20 de março de 2020, é publicado no Diário Oficial da União, a Portaria nº 467/20, dispondo sobre a regulamentação da telemedicina, como parte das medidas de enfrentamento da Covid-19. Em tal normativa, encontramos em seu artigo 2º, a contemplação do atendimento pré-clínico de suporte assistencial, de consulta, de monitoramento e diagnóstico por meio da tecnologia.

No artigo 3º, da mesma Portaria há, claramente, a orientação de que os médicos devam utilizar desse método de atendimento com o objetivo de reduzir a propagação da Covid-19 e proteger a população. A normativa ainda prevê a possibilidade de emissão de receitas e atestados médicos válidos, mediante assinatura eletrônica e certificado digital.

Quase um mês depois, em 15 de abril de 2020, é sancionada, pelo Presidente da República, a Lei n° 13.989/20, dispondo sobre a telemedicina e autorizando seu uso enquanto durar a pandemia do coronavírus (SARS-CoV-2).

No artigo 3º da Lei n° 13.989/20, encontramos a definição de telemedicina, qual seja, é o exercício da medicina mediado por tecnologias para fins de assistência, pesquisa, prevenção de doenças e lesões e promoção da saúde.

Nos dispositivos legais acima elencados, encontraremos também a normatização dos pormenores envolvidos, tais como o que se faz necessário em cada documento digital, quais tipos de atendimento são permitidos e quais não, orientação aos médicos em como informar as devidas restrições do uso da telemedicina ao paciente, entre outros.

Percebe-se então um grande avanço jurídico na área da saúde que rapidamente face às imposições geradas por uma pandemia que ninguém esperava passar, foi capaz de criar normas para solução dos novos problemas, como aquele enfrentado pela paciente de nosso case aqui apresentado. Graças às novas normativas, ao posicionamento do CFM e ao entendimento do Ministério da Saúde, nossa paciente pode se resguardar em casa e ser atendida por meio das ferramentas de tecnologia disponíveis no mercado, tanto para consulta médica quanto para análise de seus exames.

Igualmente, devido à contingência do enfrentamento da Covid-19, os médicos da paciente envolvidos puderam se valer da teleinterconsulta, dispositivo que permite a troca de informações e opiniões entre médicos, para auxílio de diagnóstico ou terapêutico, normatizado no ofício 1.756/2020, do CFM.

No tocante ao resguardo do profissional de medicina, há a possibilidade de orientação jurídica preventiva, capaz de fornecer consultoria adequada ao médico no intuito de evitar demandas judiciais. O advogado especializado em direito médico é o profissional que fará o gerenciamento de risco do médico, enquanto no exercício de sua profissão bem como de sua clínica ou hospital. Ele irá, por exemplo, elaborar os documentos adequados que devem ser fornecidos aos pacientes nessa relação médico-paciente, tais como o termo de consentimento livre e esclarecido: documento que põe a termo todas as informações necessárias àquela situação enfrentada pelo paciente e onde haverá o "aceite" do paciente face à terapêutica escolhida pelo médico.

A advocacia preventiva respeitará os princípios da bioética e ética médica e primará para que as relações médico-pacientes se deem de forma construtiva e saudável, trazendo acolhimento e soluções para ambas as partes.

Um médico bem orientado e com o pensamento de construção do caso junto com seu paciente respeitará o princípio da autonomia do paciente, acatando sua decisão, inclusive de não querer saber sobre algo, mas sempre o alertando dos riscos que tal conduta pode causar em sua saúde. Trata-se de uma composição "ganha-ganha", de um tratamento humanizado, onde o fornecimento das informações é trocado para o bem comum.

A negociação na área da saúde é diferente das demais áreas, uma vez que o bem tutelado, aquele que está "em jogo", é a vida ou o bem-estar e segurança de alguém. Por esse motivo, há de se tomar muita cautela; é necessário desenvolver a sensibilidade de sempre se colocar no lugar do outro antes de uma tomada de decisão. É necessário analisar todo o cenário, todo o contexto, antes de "bater o martelo".

Em nosso case concreto, a meu ver, a oncologista deveria ter fornecido todas as informações necessárias para a compreensão da paciente. E ainda, quando não se dispôs a interagir com os demais médicos da paciente, a comunicação e o tratamento multidisciplinar são fundamentais para se chegar a uma decisão mais adequada nessa situação que envolve três especialidades médicas, onde todos devem tomar decisões em prol da paciente. A informação mostrava que a paciente poderia apresentar problemas no ovário que poderiam ser ocasionados pela medicação ministrada a ela pela oncologista ou, ainda, poderia realmente ser uma patologia nova, sem nenhuma decorrência da medicação ministrada, porém, que, certamente, já estava influenciando nos níveis de estrogênio da paciente.

A paciente, sabendo que não poderia ter seus níveis hormonais elevados, posto que era o estrogênio um "alimentador" do tumor ressecado, teve que, ao fim, decidir consultar uma segunda opinião oncológica. E, diante de tal consulta e de todos os acontecimentos elencados, tomar a decisão de romper a relação médico-paciente com sua oncologista inicial e seguir seu tratamento com um novo profissional. Foi uma decisão difícil e emocionalmente desgastante visto que, um tratamento com essa complexidade, a confiança e o relacionamento são fundamentais.

Um novo profissional, médico oncologista, analisou o caso e explicou à paciente as possibilidades e riscos de uma nova medicação. Segundo esse profissional, seria possível fazer a alteração do tamoxifeno, porém os efeitos colaterais da nova droga poderiam ser maiores. Seria necessário colocar a paciente em menopausa (castração química) e ministrar em conjunto um inibidor de aromatase. Valeria o risco substituir a medicação tendo em vista o tumor no ovário da paciente? Seria um novo câncer? A substituição da medicação resolveria o problema? Caberia uma cirurgia exploratória? Novamente nossa paciente encontra-se na posição de negociar seu próprio tratamento com a médica oncologista. E a rigor, com ela mesma, pois já existia uma exaustão e relações de confiança quebradas.

Agora, em conjunto, a médica endocrinologista e a médica oncologista estudam o caso da paciente. Após o estudo, entram em contato com a paciente e lhe oferecem uma alternativa diferente, qual seja, repetir as dosagens hormonais e, após isso, sendo o caso, repetir também os exames de imagens. Porta-voz da decisão médica, a oncologista explica à paciente que, após estudar com a endocrinologista, médica que conhecia a paciente há mais tempo e, por isso, já familiarizada com seu histórico clínico, chegaram à conclusão de que poderia ter havido um pico de estresse. Afora isso, as médicas observaram que a paciente emagreceu quinze quilos nos últimos meses e que seu metabolismo havia mudado. Um pico de estresse poderia de fato ter afetado os hormônios sexuais da paciente, ainda mais sendo uma pessoa que já apresentava problemas nos hormônios tireoidianos.

A questão mais interessante aqui a ser ressaltada é que na relação médica endocrinologista-paciente havia uma vontade mútua de ambas chegarem a uma solução em comum (*win-win*), enquanto na relação paciente/(primeira)oncologista havia uma disputa inerente em ver quem tinha razão, ou seja, o foco nessa segunda relação não parece ser no paciente, como deve ser o lema na área da saúde.

Friso, novamente que, na área de saúde, as negociações merecem uma atenção maior e o desprovimento do querer estabelecer a vontade do negociador ou do interlocutor como verdade absoluta. Mormente, o resultado da negociação será um benefício ou malefício relacionado com a vida, qualidade de vida e bem-estar de alguém e, não preciso lembrar, o juramento hipocrático médico que envolve os princípios da beneficência e não maleficência.

Da não observância desses princípios nasce a judicialização da saúde, cada dia mais frequente, infelizmente. Digo infelizmente, pois, sendo advogada, também tenho um juramento a zelar e nele inclui a resolução de conflitos de forma amigável. O acesso à justiça deve ser somente em último caso. Diferentemente do que podemos perceber em outras áreas do Direito, a advocacia na área de saúde, na área médica, tem mais valor quando praticada preventivamente, quando entrega ao médico e ao hospital, por exemplo, maneiras de evitar um conflito, formas de ter um relacionamento com o paciente de construção e não de defesa. Já é provado que quanto mais empatia houver na relação médico-paciente, menor o risco, menor a probabilidade desse paciente demandar judicialmente contra um médico, ainda que esse, porventura, venha a cometer algum erro de procedimento.

Nessa advocacia, a qual defendo e milito, vê-se no profissional do Direito um orientador, um consultor, um mediador. Será ele quem irá normatizar os documentos médicos e prepará-lo para prestar todas as informações necessárias, e de forma adequada, ao seu paciente. Quanto melhor a comunicação entre médico e paciente, menor será o número de conflitos.

Assim, é de se valorizar, por exemplo, toda a mobilização que o CFM percorreu, após ouvir médicos e profissionais do direito, no sentido de se posicionar a favor da telemedicina. Viu-se, naquele momento, que tal ferramenta poderia facilitar a vida de médicos e pacientes. Percebeu-se que era necessário valer-se da tecnologia para que tanto o paciente quanto o profissional de saúde não se expusessem à contaminação da Covid-19. Venceu-se a burocracia em prol do resultado comum, ganharam todas as partes envolvidas.

Igualmente esperamos que assim também aconteça com o prontuário eletrônico e a disponibilização de sistemas integrados de gestão da informação em todo o país, tanto na rede privada quanto na rede pública.

Quantos problemas poderão ser solucionados quando, enfim, isso funcionar? Quanto tempo será poupado nas relações de saúde? Quanto médicos e pacientes ganharão com o uso dessa tecnologia?

É necessário que os olhos daqueles que primam pela saúde estejam na humanização de vidas. Vidas importam. Vidas fazem a diferença. Negociações bem-feitas geram resultados positivos para todos os envolvidos. Que possamos mudar nossa mentalidade e ter mais empatia pelo próximo!

Utilizando como modelo a Matriz de Negociações Complexas, descreva os elementos que fazem parte da etapa da preparação:

> A preparação refere-se à etapa que preparamos antes de iniciarmos um processo de negociação. É a etapa inicial e a mais importante do processo de negociação, que dará subsídios para dar ao negociador embasamento, segurança e credibilidade para a melhor tomada de decisão. Uma preparação cuidadosa trará inúmeros benefícios ao negociador, além de ser capaz de ampliar, consideravelmente, suas possibilidades de alcançar o que deseja.
>
> Fonte: DUZERT, Yann e RIBEIRO, Nazareth (2020).

A seguir serão desmembrados os dez elementos da Matriz de Negociações Complexas, para melhor compreensão deste case:

> **Contexto:** melhor canal de negociação para se ter mais cooperação (Axelrod, 1984); negociação mais produtiva; estabelecer confiança entre as partes com a oferta de ganhos mútuos (Equilíbrio Nash – DIXIT, Avinash; NALEBUFF, Barry, 1991); trata-se em analisar em que ambiente e quais são os condicionantes que envolvem a negociação.

O contexto diz respeito ao cenário onde ocorre a negociação, a tudo o que está relacionado. Assim, para um negociador na área da saúde, é muito importante que ele entenda do sistema de saúde, que ele saiba posicionar-se, que saiba em que situação ele e a instituição a qual ele representa encontra-se e como a tomada de decisão dele e de seu interlocutor vai impactar as soluções que estão por vir. O sistema complexo da saúde demanda muito conhecimento técnico, prático e situacional do gestor negociador, seja sua decisão cotidiana, simples ou complexa.

Portanto, o contexto pode envolver todo o sistema, assim como pode envolver um time, uma unidade de saúde, um setor, ou um paciente, ou tudo isso junto.

> » Ambiente de incertezas e insegurança do ponto de vista da paciente. A falta de informações adequadas faz com que as dúvidas fiquem ainda maiores. Pandemia mundial que afeta diretamente o paciente oncológico. Pertencimento ao grupo de risco para a Covid-19. Medo? Se faz necessário analisar todas as variantes para que paciente e médico não se exponham ao novo vírus de forma desnecessária.

Interesses: trata-se da importância em buscar interesses comuns entre as partes e, assim, alinhar, reconciliar e modelar racionalmente, controlando as emoções.

Espera-se como interesse comum o bem-estar do paciente e sua melhora em sua saúde.

Opções: verificar o que cada uma das partes tem a oferecer à outra. Analisar qual o conjunto de oportunidades as partes desejariam. Possibilidades de acordo correspondem à criação de valor; facilita a divisão da "fatia de cada um".

Temos como opções postas à mesa: a manutenção do tratamento original e a concordância com a primeira oncologista em não se fazer nada a respeito; a realização de novos exames com novas medições hormonais para depois serem submetidos à uma nova avaliação médica em conjunto entre nova oncologista, endocrinologista e ginecologista; a realização de cirurgia exploratória; a realização de cirurgia de ooforectomia e a troca da medicação.

Poder: o poder está diretamente ligado ao conhecimento e domínio da situação e ao número de informações sobre o conflito existente. Quanto maior for o conhecimento do negociador sobre o conflito e sobre todas as partes envolvidas, maior será o seu poder de negociação (definição com base em minha experiência profissional).

Devido à negociadora em questão ser a própria paciente, detentora do maior conhecimento sobre seu corpo e seu histórico clínico, a sua margem de negociação com os médicos foi ampliada. Em contrapartida, os médicos, possuidores do conhecimento técnico inerente à formação de sua profissão, detêm um poder específico nessa negociação.

Cognição: alinhamento de percepções para entender o problema e interpretar o posicionamento das partes envolvidas, eliminando possíveis ruídos, obtendo, assim, um contexto mais claro do conflito existente. Mapear o cenário, igualmente, ajuda na busca de uma melhor solução para todos, compreendendo as partes, suas necessidades e objetivos.

Uma comunicação clara elimina a maior parte dos problemas existentes ou que possam vir a surgir. Na situação apresentada vemos de um lado a paciente, querendo entender seus problemas de saúde, e, exercer seu direito de autonomia, mostrando-se capaz de assim, decidir, junto com o médico, a melhor opção de tratamento para sua doença; ao passo que, de outro lado, temos um médico que, por temperamento (tipo de personalidade já exposta acima, na definição dada pelo eneagrama) é mais fechado e reservado, não julgando ser importante oferecer tantos detalhes técnicos à paciente.

Relacionamento: identificação dos interesses do outro, gerando confiança.

No caso exposto, claramente, a médica endocrinologista conseguiu identificar mais rapidamente os interesses da paciente e por isso estabeleceu com ela um relacionamento de maior confiança se compararmos àquele entre a primeira médica oncologista e a paciente. Por causa da confiança estabelecida, tornou-se mais tranquila a negociação com a paciente, sua escuta foi mais fácil, uma vez que não havia resistência.

Conformidade: conhecer e definir acordos que tenham base legal para que possam ser executados. Fundamentação.

Novamente, ressalto aqui, o dever de informar do médico previsto no artigo 34 do Código de Ética Médica bem como a preservação da autonomia do paciente prevista no artigo 24 do mesmo código, a saber: "É vedado ao médico deixar de garantir ao paciente o exercício do direito de decidir livremente sobre sua pessoa ou bem-estar, bem como exercer sua autoridade para limitá-lo."

Penso ser de extrema importância o conhecimento das normativas inerentes ao caso concreto, assim como aos princípios de bioética e ética médica que envolvem a dignidade do paciente. Diante desse conhecimento será possível preconizar a fundamentação adequada aos acordos a serem definidos, bem como, eliminar muitos ruídos na comunicação, obtendo assim, um contexto mais claro do conflito exigente, conforme mencionado acima quando na conceituação do elemento cognição.

Critério: observância de princípios, objetivos e padrões que levam uma parte a ter determinada atitude e escolha.

Analisando o tipo de personalidade das partes envolvidas podemos compreender um pouco dos padrões que as levam a tomarem determinada atitude ou não. Para uma pessoa do tipo 5, por exemplo, poderemos perceber um comportamento mais racional, enquanto, para uma personalidade do tipo 2, veremos uma escolha mais emotiva. Quando uma pessoa apresenta dois ou três tipos de personalidade com a mesma pontuação no teste do eneagrama, percebemos um equilíbrio entre os comportamentos instintivos, emocionais e mentais.

Uma personalidade do tipo 1 acredita que as coisas precisam estar perfeitas e que as pessoas devem ser compromissadas, corretas e altamente responsáveis. Assim, numa negociação, seus critérios serão o da dedicação, organização e a busca pela alta qualidade, com um número mínimo de falhas. Ao passo que, numa personalidade do tipo 2, perceberemos um padrão mais influenciador, uma pessoa que gosta de ser tida como conselheira, que tem habilidade em identificar e trabalhar o desenvolvimento de outras pessoas e que prefere evitar choques diretos.

Observando esses padrões poderemos deduzir os critérios utilizados nas escolhas entre as partes e utilizar esse conhecimento em favor da negociação.

Tempo: verificar qual o tempo disponível para determinada negociação. Perceber o "timing" em todo processo; utilizar o deadline para convergir num acordo; acordos contingentes.

O tempo, nas negociações que envolvem a área de saúde, costuma ser um condicionante essencial. Via de regra, uma das partes está correndo contra ele em prol de uma vida, bem maior a ser tutelado, conforme já mencionei anteriormente. Em nosso caso apresentado, não será diferente. Por estar a paciente com a taxa de estrogênio elevadíssima, a tomada de decisão a respeito de seu tratamento deverá ser tomada rapidamente, uma vez que a elevação do hormônio, no caso dela, poderia ocasionar um segundo câncer ou uma metástase.

De acordo com o processo de negociação acima relatado por você, identifique os seguintes passos para conduzir uma boa negociação:

Batna: caracteriza-se pelo valor que o negociador poderia chegar naquela negociação. É a tradução para: melhor alternativa a um acordo. Uma espécie de plano B que ajudará o negociador a ter poder na hora da negociação.

Neste case, real e concreto, pode-se considerar que a Batna seria o melhor tratamento para as condições de saúde da paciente (negociadora), o menos invasivo e o que não ocasionará efeitos colaterais. Em não sendo possível, a melhor alternativa será a opção pelo tratamento de saúde mais seguro à paciente, com uma menor resistência de efeitos colaterais.

Ponto de Reserva: trata-se do valor mínimo que o negociador aceitará naquela negociação, ou seja, o ponto de abandono da negociação, o limite.

Em nosso case, o ponto de reserva é a dignidade da paciente que se dá através da prestação de informações claras e detalhadas de suas opções de tratamento por parte dos médicos. A negociadora, nesse caso, não aceitará ser submetida a um tratamento que não lhe foi explicado corretamente.

Zopa: é a zona de negociação possível, sabemos que está entre a Batna e o Ponto de Reserva do negociador.

No cenário apresentado, a Zopa será o espaço compreendido entre a melhor opção de tratamento à paciente, de forma segura e com menos efeitos colaterais, e a prestação de informações esclarecidas pelos médicos. Haverá a possibilidade de entrar em negociação a respeito do tipo de medicação ministrada bem como de um tratamento alternativo ou até a revisão de exames e uma nova tomada de decisão.

Na preparação, já foi pensada quais concessões poderiam ser feitas, como segue:

Que concessões está disposto a fazer? Troca de medicação, substituição de médico oncologista.

Que concessões está disposto a solicitar: Explicação detalhada de seu tratamento, comprovado que o método cirúrgico irá sanar seu problema e não causará mais efeitos colaterais.

CASE 9

Estávamos em meio a pandemia, janeiro de 2021, muitas ações na área da saúde foram tomadas para atender ao enfrentamento da Covid-19. Assim como os cases anteriores, este também foi elaborado por um aluno da doutora Nazareth Ribeiro para cumprir com a tarefa de final do seu módulo de Negociação e Gestão de Conflitos, médico, coordenador de uma unidade de saúde que estava recebendo pacientes com Covid-19.

Título do Business Case:

Ampliação do quadro de rotinas do CTI Clínico e Cirúrgico

Negociador (registre a formação, o cargo atual e o perfil desenvolvido em aula via eneagrama):

Médico, titulado em terapia intensiva, coordenador da unidade e um negociador com características ajudante, comunicador e precavido.

Interlocutor (registre a formação, o cargo atual e o perfil desenvolvido em aula via eneagrama):

Gerente médico, um negociador do tipo analítico e um interlocutor: confrontador.

Introdução (apresente uma visão geral do Caso):

Após o início da pandemia, tivemos um grande incremento de internação em terapia intensiva dos casos que foram "represados" na primeira onda: muitos pacientes cirúrgicos que tiveram que adiar seus procedimentos e os doentes crônicos com agudização devido ao isolamento e difícil acesso aos serviços de saúde.

Assim, necessitamos reestruturar protocolos e redimensionar o pessoal, ainda contando com a questão financeira que precisava ser administrada.

Dessa forma, necessitamos ampliar o quadro de rotina de médicos, entendendo que a visão horizontalizada da rotina traria maior seguimento aos casos e maior chance de resultados positivos e diminuição do tempo de permanência.

E temos sido cobrados de melhoria dos resultados, face a necessidade de aumentar lucratividade aliada a segurança dos pacientes, devido às certificações obtidas anteriormente pela instituição.

▷ **Dilema: Problema (qual é a questão a se resolver):** Conseguir convencer a gerência a contratar mais médicos para atender a demanda da pandemia, numa época de contenção de gastos – demonstrando que essa ação poderia ser revertida em lucro e reputação para o hospital; fazer com que ele aceite um modelo diferente do que se trabalha no hospital há vinte anos. Considerando que num momento de crise é preciso de decisões ágeis para atender a essa demanda.

Utilizando como modelo a Matriz de Negociações Complexas:

Descreva os dez elementos de acordo com este case:

Contexto: pandemia, aumento da procura de casos graves e cirurgias complexas em terapia intensiva, médicos cansados e falta de um protocolo de atendimento à Covid-19 devido às incertezas científicas sobre a doença.

Interesses: melhorar a qualidade do trabalho por meio da ampliação do quadro de rotinas e da criação do 3º horário de rotina, que visa complementar as atividades do dia, preparar o dia seguinte otimizando altas e tornando a comunicação mais eficaz entre os profissionais e com o cliente (família e paciente) e, assim, tornar o resultado mais positivo e melhorar a satisfação do cliente, usando como critério e indicador: diminuir tempo de internação, diminuir o retorno em 24h após, NPS (Net Promoter Score – pesquisa de satisfação) a alta e, com isso, aumentar a lucratividade, essencial em uma rede verticalizada de convênio próprio; interesse do gerente que será interlocutor: diminuir gastos, melhorar o resultado clínico e elevar o NPS, tornando-o competitivo em relação aos outros hospitais das imediações.

Opções: manter o atual sistema que não renderia melhora da qualidade, entretanto poderíamos para manter a negociação e atingir nossa Batna posteriormente: tentar aumentar uma rotina apenas fazendo o terceiro horário que seria das 17h às 21h, e reavaliando em três meses com os indicadores para demonstrar a eficácia da mudança, propor realocação do pessoal para cobrir os horários pretendidos, sem contratação, usar PJ como alternativa.

Poder: grupo especializado, com experiência de pós-operatórios de diversos tipos, acostumados com patologias crônicas agudizadas e pacientes idosos, com noção de cuidados paliativos, que tem demonstrado através de resultados clínicos processos mais ajustados, economia e bons desfechos. A ampliação dos horários irá trazer maior controle do desfecho clínico, otimizar altas e diminuir desperdícios.

Cognição: baseado nos princípios da Newgotiation, onde o alinhamento das percepções e interesses das partes envolvidas são fundamentais; pensando nisso, levando em consideração o perfil do interlocutor (analítico e confrontador) e suas necessidades, a reunião deve ter muita informação científica relevante (artigos que comprovem a necessidade de rotina para melhorar o desempenho), indicadores do serviço demonstrando o tempo de permanência atual e o que pretendemos atingir, bem como uma matriz de recursos que demonstra a posição da UTI em relação às do mesmo tipo, mostrando o uso de recursos que poderíamos usar para melhorar nossa efetividade se tivermos mais pessoal e nos posicionarmos melhor nessa comparação feita pelo Epimed.

Entendemos que para o gerente deva ser complexo ampliar o RH nesse momento de crise, vamos contra-argumentar que a ampliação pode ser em etapas e que isso irá impactar a qualidade do serviço, pois trata-se de um médico interessado (o gerente) nos pacientes e na linha de cuidado deles, bem como com foco no financeiro.

Assim vamos administrar as possíveis emoções negativas que possam ser geradas num primeiro momento.

Relacionamento: a ideia é construir um clima construtivo que reúna a compreensão mútua, fazendo o processo tornar-se produtivo, buscando uma negociação do tipo ganha-ganha duradoura, já que é esperado que essa relação de gerência e coordenação se mantenha por anos; portanto, as duas partes têm interesse na melhoria dos processos do hospital e foco no resultado com qualidade e valor.

O interlocutor tem genuíno interesse em melhorar a parte financeira e assistencial do hospital, deseja atingir metas que solidifiquem sua posição perante a direção e, dessa forma, está aberto ao diálogo para incrementos na qualidade e a conversa abordando esses aspectos pode reforçar a confiança entre as partes.

E outras negociações em outras questões se seguirão, até porque, caso a Batna não seja atingida neste primeiro processo, recuaremos estrategicamente para não melindrar a relação e buscaremos uma nova negociação em breve.

E ao longo do ano, tivemos o CTI com boas avaliações feitas por esse gerente e criando um clima de trabalho cooperativo e respeitoso.

Conformidade: a AMIB (sociedade de referência da terapia intensiva) preconiza dez leitos para cada médico plantonista, entretanto entendendo em um parecer aos associados que uma boa divisão de dia seria médico de rotina e um plantonista com cinco leitos para cada, dessa forma podemos entender que para cada dez leitos o mínimo seria um médico à noite e de dia, cinco para um, seria uma conformidade a ser atendida e ainda que em serviços bem estruturados e acreditados, com alta produção, através de *benchmark* conseguimos apurar que podem chegar até a quatro por médico.

Assim temos um apoio técnico da AMIB e uma informação do mercado para o nosso pleito, que nos levaria a uma negociação.

Entender que a CLT, apesar de ser onerosa ao hospital, leva a uma fidelização do colaborador.

Critério: os critérios serão a melhoria da entrega de resultados, baseados em:

1. Indicadores clínicos – tempo de permanência, taxa de retorno em 24h, incidência de infecção ligada à assistência, que tem relação com a qualidade da assistência e segurança do paciente;
2. Indicadores econômicos – utilização de material médico, orçado versus realizado;
3. Indicadores de satisfação do Cliente – NPS por exemplo, que seria impactado pela maior quantidade de atenção que poderíamos dar às famílias, melhorando o acolhimento.

Após a implantação, faríamos a checagem e mensuração da evolução regularmente mostrando os avanços. Esses critérios impactam diretamente no resultado da instituição, dessa forma usá-los na negociação gerará valor em caso de sucesso do projeto proposto, tanto para o serviço como para o hospital.

Tempo: é o momento mais apropriado, porque acabamos de ganhar uma certificação, onde o CTI esteve muito envolvido nos processos e foi muito citado pelos avaliadores estando em evidência positiva no momento; outro fator de tempo decisivo é o *turnover* de internações e necessidade de alta para manter o giro de leitos, seria importante aumentar o grupo para dar conta da tarefa, em relação a equipe médica: é um ano onde os médicos estão cansados e desmotivados seria o momento preciso, e seria visto como uma ajuda e reconhecimento ao seu trabalho. Além disso, a segunda onda da Covid-19 chegou aumentando à procura de leitos de isolamento e há a necessidade de manter as cirurgias funcionando e os pacientes não Covid-19 devidamente assistidos.

De acordo com o processo de negociação acima relatado, vamos considerar que:

>**Batna:** Dois novos rotinas, um terceiro horário de rotina, manhã (1º), tarde (2º) e noite (3º), atualmente, dois horários, manhã e tarde.
>
>Diminuir a proporção médico/paciente.
>
>Não perder o plantonista diurno.
>
>Contratar todos por CLT/manter cobertura de férias dos rotinas para não sobrecarregar a equipe.
>
>Criação do 3º horário para melhorar o atendimento do paciente.
>
>Um rotina a mais no período do dia para melhorar a comunicação com a família.
>
>**Ponto de Reserva:** contratar apenas um rotina para o terceiro horário por CLT.

Zopa: Número de rotinas – pode oscilar de dois para um, mas com CLT.

Uma rotina com CLT e a outra, com PJ.

Usar essa rotina única com CLT no horário das 17h às 21h, rever indicadores de tempo de alta e permanência, taxa de retorno que indicasse se houve melhora dos resultados e rever em três meses se podemos ampliar o quadro.

Algumas concessões possíveis a serem consideradas:
- Não contratar por CLT um dos rotinas;
- No lugar de 2, um rotina apenas – mas com CLT – revisão em 3 meses dos indicadores supracitados para avaliar se as melhoras dos indicadores levariam a contratação de um novo rotina;
- Cobrir férias por remanejamento do pessoal – sem pagar substituições;
- Criar rotinas e protocolos para serem usados por todos os serviços fechados do hospital (mesmo aqueles que não coordeno), caso o meu BATNA seja atingido;
- Horário de informações do paciente além da visita da tarde.

Quais concessões solicitar:

» No lugar de contratar novos rotinas, ampliar o horário dos atuais, seja por CLT ou PJ, e dessa forma atingir ou um horário a mais ou os dois horários;

» Melhorar o salário de quem está trabalhando caso não atinjamos uma negociação, para motivar o funcionário;

» Solicitar cursos de atualização que nos ajudem a otimizar os processos, para contrabalançar o número de pessoas;

» Uma PL ao grupo caso as metas sejam atingidas – uma certificação ou um prêmio (uma vez que não ampliemos o quadro ou fiquemos com o mínimo pretendido);

» Novos equipamentos para melhorar o atendimento, e facilitar a tarefa dos médicos.

Sobre o desfecho deste Case:

O que mais dificultou o andamento desta negociação? As condições econômicas envolvidas – contexto da pandemia, a necessidade de manter o orçamento na meta.

O que mais facilitou o andamento e o desfecho desta negociação? O preparo e o estudo da situação, o embasamento nas questões médicas (parecer da AMIB) e a relação amistosa e respeitosa conquistada durante o trabalho e uma negociação do tipo *win-win*, onde eram propostas soluções que visavam o bem comum do serviço que todos atuamos. Focado na melhoria contínua e segurança do paciente

Para buscar um desfecho ainda melhor?

Talvez aguardar um pouco em relação à evolução do quadro pandêmico – apesar de entender a urgência de implantação do nosso planejamento – e solicitar uma pesquisa mais detalhada de benchmark para a relação médico/leito/salário x PJ/CLT.

CASE 10 Este case foi vivenciado pelo médico durante a pandemia, onde o dilema era minimizar custos fixos numa clínica particular. Vamos perceber com esta leitura que aconteceram dois processos de negociação: o primeiro, com a proprietária da sala onde era estabelecida a clínica e o segundo, com seu amigo dono de outra sala.

Título do Business Case: Negociação do contrato do aluguel da clínica de cirurgia oncológica.

Introdução: em março de 2020, no início da pandemia, percebemos com base em informações de experiências da Europa e América, que iríamos viver um momento de retração da economia com queda no movimento da clínica em função das políticas públicas sanitárias impostas pela pandemia. Percebemos que teríamos uma queda significativa da receita, devido ao decreto de isolamento social, porém com manutenção das despesas fixas.

Negociador: médico, cirurgião oncológico, gestor e responsável técnico da clínica citada neste case.

Interlocutor: Sra. X, proprietária da sala comercial.

> ▷**Dilema: redução do valor do aluguel.** No início da pandemia, estimamos que o movimento da clínica iria sofrer uma redução significativa e que precisaríamos reduzir custos para conseguir manter o fluxo de caixa satisfatório. Nossa primeira ação foi a de propor a redução do custo com o aluguel, e iniciamos um processo de negociação com a proprietária da sala comercial.

Nosso **interesse** era de manter o contrato propondo a redução no valor do aluguel. Como tínhamos um contrato longo de oito anos, desde o seu início, a proprietária também manifestava interesse em sua manutenção, mas sem muitas flexibilidades.

Nós tínhamos como **opções** a proprietária dispensar o pagamento do aluguel por seis meses com as despesas do condomínio sendo pagas por nós, e a proprietária propor uma redução do aluguel que pudesse ser compatível com o orçamento mensal.

A proprietária tinha a seu favor o **poder** do contrato que garantia os reajustes anuais conforme um indicador desses de reajustes de aluguel. No entanto, naquele momento, tínhamos a nosso favor a isenção de multa contratual caso optassem pelo encerramento do contrato.

O **relacionamento** entre o negociador e o interlocutor era de confiança e respeito, mas sempre balizado pelo contrato.

Entendemos que uma **opção** para aquele momento seria o encerramento do contrato de aluguel e a rescisão do contrato dos funcionários da clínica, trocando para um modelo de sublocação com redução do custo total em 80% sem prejuízo ao atendimento prestado aos nossos clientes.

> **Batna:** Objetivo do Negociador – Isenção do aluguel por seis meses (R$ 1.500,00 por mês). Arcar com o condomínio nesse período (R$ 800,00). Manter o custo mensal em **R$ 800,00** por seis meses.
>
> Batna do negociador – Redução do aluguel em 50% (R$ 750,00) + condomínio (R$ 800,00).
>
> Total **R$ 1.550,00.**
>
> Objetivo do interlocutor – manter o valor do aluguel sem cobrar o reajuste anual de R$ 1.500,00 por mês + condomínio (R$ 800,00). Total – **R$ 2.300,00.**
>
> Batna do Interlocutor – Redução de 70% do aluguel (R$ 450,00) + condomínio R$ 800,00 = **R$ 1.250,00.**
>
> **PONTO DE RESERVA – R$ 1.100,00** (Redução de 80% do aluguel + condomínio R$ 800,00).
>
> **Zopa** – a zona de possível acordo estava em alguma proposta entre os valores de R$ 1.250,00 e R$ 1.550,00.

Que concessões está disposto a fazer?

Estava disposto a oferecer à proprietária um turno de oito horas na clínica, pois sabia que ela sublocava um horário em outra clínica com custo de R$ 1.200,00 por mês.

Que concessões está disposto a solicitar?

Estava disposto a solicitar o uso da vaga da garagem nos horários do nosso atendimento, que ficava ociosa.

Nessa negociação, não houve acordo e encerramos o contrato. A proprietária manteve a sala fechada e passou a arcar com a despesa mensal do condomínio (R$ 800,00). A sala está para alugar por R$ 1.500,00. No prédio, tem algumas salas disponíveis com média de R$ 1.200,00. Iniciamos um contrato de sublocação com custo total mensal de R$ 1.500,00 e mantendo o mesmo horário de atendimento sem o custo dos funcionários, o que significou uma redução de aproximadamente 75%.

Desfecho: no ano anterior à pandemia, eu operei um câncer de pele do irmão do dono de uma clínica dermatológica no Leblon. Nessa ocasião, criou-se uma relação de amizade e parceria, e ele manifestou interesse de trabalharmos juntos na clínica. Como estava estabelecido no consultório e, no momento, não dispunha de horário, a proposta ficou arquivada. No momento do início da pandemia e com o impasse na negociação do aluguel da nossa clínica, eu fiz contato com esse amigo, e marcamos de conversar. Foi rápido, ele propôs o valor de R$ 1.500,00 com direito ao uso da garagem e qualquer outro horário que precisasse, desde que houvesse a disponibilidade, e eu nem negociei valor. Fechamos o acordo e iniciamos o trabalho.

A redução do custo fixo foi significativa, pois como a clínica já tinha secretária, e a minha já estava buscando novas oportunidades (uma delas, na nossa equipe de cirurgia como instrumentadora), encerramos nosso contrato de trabalho.

A redução do custo foi de R$ 7.500,00 para R$ 1.500,00 sem impacto negativo na assistência aos pacientes. Pelo contrário, houve melhora, pois a clínica é mais bem localizada, mais próxima de muitos pacientes. Eu e o proprietário da clínica somos parceiros, e a satisfação é mútua.

Resumindo: fiquei muito feliz com a mudança.

No cenário atual, onde a pandemia se estendeu por mais de um ano, muitos imóveis foram desocupados; com isso, quem negociou e foi flexível, compreendendo o momento de crise que se instalou com a Covid-19, ainda teve a chance de continuar o contrato com o inquilino anterior e não ter que assumir os gastos com condomínio e IPTU; porém, quem não cedeu, a grande maioria ficou com o imóvel vazio e com isso, a perda foi muito maior. Isso mostra como é importante ser flexível, ter uma visão crítica do cenário micro e macro e ter empatia para ser um bom negociador e manter-se no mercado.

Para mim, a mudança foi muito positiva, apesar de toda a dificuldade que um momento como este nos traz, especialmente nós, profissionais da saúde com todo o desgaste físico e emocional. O gerenciamento de risco que eu fiz com a minha visão de gestor e posicionei-me numa situação em que meu interlocutor, neste caso, o meu amigo da clínica atual, fortaleceu a relação de parceria, diminuiu meu gasto fixo e ainda foi muito bom para meus pacientes. Sendo assim, eu considero que alcancei um resultado *win-win*.

Telemedicina e a aceleração digital em tempos de Crise! Como ficou para o enfrentamento da pandemia.

Depois de apresentar todos os estes cases legítimos e reais vivenciados por gestores médicos no contexto de saúde no Brasil, vamos prosseguir ambientando nossa reflexão sobre o contexto de saúde e, é importante trazer para a discussão, o ecossistema digital na saúde que, como todos, a aceleração digital ganhou ainda mais importância. A Dra. Nazareth Ribeiro vai fazer um relato de sua experiência nesse ambiente para melhor contextualizar:

Durante a pandemia, o trabalho invadiu o ambiente familiar, e todo este impacto influenciou o rumo de muitos projetos, inclusive o deste livro, que estava em construção, a seis mãos onde, cada autor mora em um país diferente, e esses autores precisaram ouvir este momento, precisaram ter um olhar empático para toda esta crise e acolher a esta demanda e, por isso, muitos problemas citados ao longo deste livro também foram, certamente, impactado por esta nova rotina, este novo lugar de trabalho, onde o que alguns chamam de *home office*, na verdade, é bem diferente, pois o *home office* é aquele que é planejado, que tem uma estrutura, que neste momento de crise, tivemos que fazer sem opção. E essa parece ser uma aceleração sem volta, onde o ambiente corporativo nunca mais será o mesmo. Inclusive, em alguns casos, percebemos que mudar pode ser positivo, aprendemos com a crise e precisamos estar preparados para gerenciar os riscos, para mudar de posição quando o mercado exige. Isso sim é ser um bom gestor, é atender ao plano de contingência e adaptar-se!

Atendimentos, reuniões, pesquisas, encontros, muitos foram para o ambiente nas plataformas digitais, e percebemos que em muitos casos, vamos manter esse formato, vamos nos ressignificar e buscar qualidade de vida e sustentabilidade, onde percebemos que podemos inclusive economizar verba, economizar tempo de deslocamento, criar um ambiente virtual que tenha conforto e que nos permita com o ganho de tempo de ir e vir nos cuidarmos melhor, comer melhor em nosso ambiente do lar e até produzir mais.

Em pouco tempo, houve uma aceleração de mudanças que já vinham acontecendo, como exemplo, a telemedicina. No primeiro mês de pandemia saímos totalmente da nossa zona de conforto, e mais inovações aconteceram neste tempo do que em anos. A tecnologia ganhou um espaço enorme na vida de todos, e foi uma área do conhecimento que talvez mais tenha nos apresentado soluções. Foi a área que nos possibilitou continuar trabalhando e nos comunicando, revisando nosso formato de entrega do nosso produto, nos relacionando. E na área da saúde, sabemos que muitos profissionais já usavam plataformas online, como o Whatsapp para fazer *follow-up* de atendimentos com seus pacientes, procedimentos e cirurgias; porém essa conduta ainda não era validada pelo CFM. Com a pandemia, houve uma urgência em prol do paciente, por segurança, e o conselho permitiu momentaneamente o atendimento à distância devido à Covid-19. No Brasil, a Portaria nº 467, de 20 de março de 2020:

Dispõe, em caráter excepcional e temporário, sobre as ações de Telemedicina, com o objetivo de regulamentar e operacionalizar as medidas de enfrentamento da emergência de saúde pública de importância internacional previstas no art. 3º da Lei nº 13.979, de 6 de fevereiro de 2020, decorrente da epidemia de Covid-19.

Esta aceleração tornou possível proteger pacientes em isolamento social e manter seu tratamento com seu médico. E a figura do médico, como ele teve que negociar com seus próprios medos e inseguranças? E os profissionais que ainda não estavam acostumados a lidar com seus pacientes do outro lado do vídeo e tiveram que se apresentar para tomar decisões sobre a conduta médica num ambiente que ele não controlava, e como se sentiu esse médico (a), enfermeiro (a), psicólogo (a)?

A rigor, todos sabemos que este é um caminho sem volta, os benefícios alcançados pela telemedicina são imensos, foram potencializados e certamente resolveram muitos problemas em que o paciente, neste momento de pandemia, não precisou sair de casa para o atendimento e com isso foi privado de contato social, mantendo seu isolamento como foi o protocolo recomendado pela OMS. Certamente o atendimento por telemedicina será revisto pelos conselhos profissionais depois que este plano de contingência e a pandemia passarem, porém, cremos que esse recurso será incorporado na prática. É claro que alguns procedimentos e condutas, em algumas especialidades, não são possíveis via telemedicina, tais como: a cardiologia, a ginecologia, a oftalmologia, dentre outros, mas certamente muitas idas e vindas no trânsito poderão ser minimizadas por esse formato. Todos estamos nos adaptando e buscando estratégias para melhor lidar com este novo formato de entrega da saúde e, negociando com nossos próprios limites.

Cada case deste livro foi elaborado por um profissional de saúde durante as aulas de uma das autoras deste livro. Todos foram consultados e autorizaram a publicação, e a Dra. Nazareth Ribeiro fez as devidas revisões nos cases, também com autorização de todos.

A Psicologia inovou na frente neste formato de atendimento e, desde 2003, a Dra. Nazareth Ribeiro atende pacientes online, via Skype, Facetime e, posteriormente Zoom, WhatsApp e via plataformas de telemedicina, atendendo pacientes no Brasil e em outros países. Coordenando o programa Saúde Digital MG, que atende pacientes com Covid-19, em que psicólogos voluntários atendem do lugar onde estão seus pacientes, possibilitando mais tranquilidade e segurança para os pacientes e para os profissionais de saúde envolvidos no programa.

Eu, Nazareth, fiquei pensando em que case inserir no livro sobre o assunto telemedicina. Alguns bem interessantes foram trazidos por alunos nesta tarefa de conclusão do módulo de Negociação e Administração de Conflitos.

E, ao pensar sobre o assunto, tive um insight: por que não escrever eu mesma este case?

Foi então que decidi parar de buscar algum profissional de saúde que pudesse dividir sua experiência com atendimentos por telemedicina e pensar eu mesma no que eu poderia relatar a você, nosso leitor, sobre esse formato de atendimento. E por que eu o faria?

Bom, vou fazer um breve histórico sobre minha prática nos atendimentos, via plataformas digitais, para que você entenda: eu comecei a atender à distância em 2003, quando uma paciente brasileira foi morar em outro país. Inicialmente, eu sugeri que ela buscasse uma psicoterapeuta por lá. Como ela dominava a língua inglesa, isso não seria problema.

Pois bem, ela assim o fez, encontrou a profissional e iniciou seu processo de psicoterapia.

Um dia, eu recebi um e-mail dela. Antes de abrir para leitura eu pensei que fosse notícias de como ela estava.

Para minha surpresa, ela dizia que havia buscado o atendimento, porém não tinha dado "liga"! (palavras da paciente). O que ela queria dizer? Queria expressar sua insatisfação com fazer terapia com uma pessoa que não a compreendia, e isto não tinha nada a ver com a língua! O que ela dizia, na verdade, é que ela buscava alguém com quem ela pudesse dividir suas aflições, suas incertezas de estar vivendo num outro país e que fosse ajudada, não julgada!

Foi assim que eu voltei a atendê-la, mesmo sendo na época via telefone (ela comprava cartões de crédito de ligações na época e ligava em seu horário para meu consultório, e fazíamos a sessão).

A partir daí, eu comecei a atender outras pessoas à distância, via telefone, depois via Skype, Facetime e agora, via Zoom.

Foi um longo caminho até aqui! O Conselho Federal de Psicologia (CRP) criou um selo para os psicólogos habilitados ao atendimento online, onde os serviços mediados pelo computador foram reconhecidos pela Resolução CFP n° 012/2005.

De 2003 para cá, muitas pessoas foram atendidas e a prática trazendo cada vez mais intimidade com as plataformas digitais para os atendimentos.

Algumas condutas e manejo clínico são muito importantes para que o profissional entregue ao paciente um atendimento com qualidade. Dentre elas estão:

» Já ser psicólogo experiente e ter sua inscrição no CFP (no caso dos médicos, foi autorizado o teleatendimento para o enfrentamento da pandemia da Covid-19).

Dessa forma, os pacientes com Covid-19 ou suspeita de infecção não precisam sair de casa, seriam atendidos em suas casas, não seriam vetores da doença, promovendo sua saúde e a dos outros. Esta decisão do CFM foi um avanço e uma tomada de decisão para atender à necessidade do momento de crise, porém foi possível perceber que uma parcela dos médicos era a favor da telemedicina e até já utilizavam recursos de tecnologia para fazer *follow up* dos atendimentos com seus pacientes, como o WhatsApp por exemplo, e outros foram e ainda são bastante resistentes a esse formato. É uma mudança de paradigma que nos mostra que não tem volta, não podemos retroceder. Talvez com toda essa urgência acarretada pela pandemia faça alguns profissionais mudarem de ideia e se ajustarem a essa forma de atendimento e de relacionamento com seus pacientes. É uma negociação interna consigo mesmo, com seus usuários, com sua unidade de saúde, com as operadoras, inclusive no que se refere à forma de remuneração, que foi bastante questionada (inclusive esse assunto foi abordado em maiores detalhes no case enviado por uma aluna advogada com atuação na área de saúde);

» Saber utilizar o espaço online que disponibiliza para o atendimento (a questão de adaptação ao novo ambiente online tem sido outra resistência, os médicos mais novos geralmente têm mais facilidade e domínio das plataformas online). Quando começou a ser implementado o prontuário eletrônico, foi nítida a resistência de alguns profissionais de saúde, e é bastante compreensível, já que, ainda em implementação, o formato dos formulários que muitas vezes não é padronizado faz com que, até que se esteja familiarizado, o médico gaste um tempo precioso preenchendo os dados, e isso traz desconforto e até indignação, já que o foco do atendimento é no atendimento de qualidade ao paciente e por isso alguns questionam o tempo que "perdem" alimentando o sistema com os dados. Porém, estes mesmos dados podem ajudar a:

» Seguir os conceitos técnicos, teóricos e éticos que seu conselho profissional determina;

» Esclarecer ao cliente como funcionará o atendimento (importante explicar ao paciente como o atendimento acontecerá, como ele vai acessar, o horário, o que ele pode esperar...);

» Sigilo total dos dados do cliente;

» Manejo clínico para fazer a escuta empática e o feedback necessários para o cliente.

Durante a pandemia, percebeu-se um aumento de transtornos mentais como ansiedade, depressão, síndrome do pânico, Burnout, absenteísmo no trabalho, mesmo no *home office*, devido a toda insegurança e incerteza vivenciada neste momento. Sendo assim, é importante que o profissional de saúde esteja treinado para a escuta de todas essas queixas, já que na maioria das vezes, o próprio paciente não tem condições de fazer a relação dos seus sintomas com os transtornos citados. A pandemia impactou, não só a área da saúde e economia, mas além disso tivemos que lidar com o luto, com as perdas de pessoas queridas e com a possibilidade de nossa própria morte. E os profissionais de saúde em especial, aqueles que ficaram no front do atendimento aos pacientes, muitos foram contaminados, e muitos tiveram que se deitar no leito do paciente, trocar de lugar – negociar com você mesmo para atender nesse formato, distante do paciente e buscar entregar o maior valor possível nesse atendimento, negociar com o cliente com segurança, mostrando a ele que sua dedicação, respeito à técnica, prática e ética não serão afetados devido ao atendimento remoto, que seus dados serão resguardados e negociar com as pessoas com quem você mora, caso os atendimentos sejam em *home office*, em sua casa, onde todo o contexto é adaptado para os atendimentos, mudando totalmente a rotina da casa.

Porém, além de todo o procedimento técnico, o profissional que atende via teleatendimento precisa de muito mais!

Em 2020, devido à pandemia, os conselhos de medicina e de psicologia autorizaram os atendimentos remotos provisoriamente para o enfrentamento da Covid-19.

Foi então que os profissionais de saúde precisaram buscar informação sobre como se posicionar do outro lado da tela, num ambiente totalmente sem seu controle, para atender a seu paciente.

Foi uma comoção todo o momento em que vivemos, desde o início da pandemia!

Fui convidada para coordenar o grupo dos psicólogos voluntários da plataforma de telemedicina da Secretaria de Saúde de Minas Gerais. Um projeto criado para atender os pacientes com Covid-19 em suas casas, evitando assim, que fossem expostos a situações de risco e que fossem vetores do vírus para outras pessoas.

Esses profissionais eram incluídos na plataforma de atendimento e passaram a ter acesso aos pacientes via plataforma digital.

Eu, que já tinha experiência nesse formato de atendimento, passei a dar treinamento para esses profissionais por reuniões, que foram agendadas, e por palestras que eu ministrava online, eu, no Rio de Janeiro, e eles, em Minas Gerais.

A plataforma foi se aprimorando, e os recursos, atualizando-se ao longo do tempo.

Eu acompanhava os profissionais e percebia a abertura e disponibilidade que tiveram para me ouvir e aprender a como se colocar do outro lado da câmera com seu paciente.

Eu falei de conduta e postura pessoal e profissional, falei sobre como controlar as variáveis do local de atendimento que apareciam para o paciente, falei sobre *dresscode*, tom de voz, olho no olho, escuta empática, enfim, todos tiveram que negociar consigo mesmos e aprender!

Nossas reuniões eram regulares toda semana e com o tempo, eu fui percebendo que eles já estavam mais confiantes no manuseio da ferramenta e no manejo clínico, afinal, atender a pacientes presencialmente, esses profissionais já tinham experiência e agora, estavam enfrentando um grande desafio: usar a telemedicina para atender aos pacientes, e o pior, pacientes contaminados pela Covid-19 e com muito medo se conseguiriam passar por isso, se sobreviveriam, se contaminaram sua família, se teriam sequelas…

A sintomatologia da Covid-19 ainda não era conhecida e, muito menos, seu diagnóstico e terapêutica; com isso, todos tivemos que aprender, tivemos que ter empatia, colocando-nos no lugar do outro; tivemos que ser resilientes e acreditar que estávamos fazendo o bem sem saber a quem e tivemos que administrar e negociar com nossas próprias incertezas.

Foi muito importante fazer parte desse processo, ver que longos anos de experiência colocaram-me em um lugar que eu podia ajudar tanto ao paciente como ao profissional que os atenderia. Ser coordenadora dos psicólogos voluntários neste projeto foi maravilhoso! Foi ver um trabalho ser reconhecido e ver que nosso esforço valia a pena!

Eu também precisei negociar comigo mesma! Eu, que já atendia muitos pacientes online mesmo antes da pandemia, agora tive também que negociar com os pacientes que iam presencialmente ao meu consultório, para migrarem para o ambiente online.

Apesar de parecer fácil, negociar uma forma de atender que eu já dominava, não foi nada fácil!

Alguns pacientes aceitaram imediatamente, outros achavam que a pandemia ia passar em quinze dias e diziam preferir esperar e voltar ao presencial.

Porém, o tempo foi passando, e a pandemia não passava!

Quando poderíamos imaginar que íamos encarar uma pandemia?

Eu precisei negociar horário, valor, comunicar-me com eles via WhatsApp várias vezes antes de reagendar seus horários. Enfim, foi uma longa negociação!

E eu, que saía todos os dias para o consultório e adorava fazer todo esse ritual, tive que aprender a lidar em casa também com os afazeres que a pandemia nos trouxe! Foi puxado, mas somos seres adaptáveis e com isso, acabamos dando conta de muito mais do que pensamos!

Eu, assim como outras mulheres gestoras do seu negócio, que sai todos os dias para trabalhar e precisa se dedicar muito para tudo acontecer, tivemos que dar conta também dos afazeres domésticos! Foi assim que minha rotina, e a de muitas pessoas, mudou drasticamente!

Ao acordar, eu precisava antes de tudo arrumar a casa, fazer comida, higienizar tudo, malhar, tomar banho e sentar-me prontinha em frente ao computador para esperar cada cliente. E isso foi se estendendo e, quando percebi, já se passavam seis meses e a pandemia não passava.

Diziam que a mulher fazia triplo período de trabalho, isso antes da pandemia, e agora, o que podemos dizer?

No sexto mês, foi justamente quando eu comecei a escrever este case aqui que você está lendo! Foi também quando eu negociei comigo mesma, além de todas as negociações que tivemos que fazer durante esses meses e decidi voltar a atender presencial no consultório. Não foi fácil! O medo de me contaminar, depois de tantos meses em casa, em isolamento social, fazendo tudo certinho, seguindo todos os protocolos da OMS, e o medo dos pacientes que já sentiam falta do encontro presencial da psicoterapia.

Mais uma vez, de negociar: eu iria apenas uma vez na semana e, sendo assim, tive que propor aos clientes que cada um fosse de quinze em quinze dias presencial e mantivessem as sessões online nas outras semanas, já que indo um dia só não caberiam todos os pacientes nesse dia.

Deu tudo certo! Os que desejavam ir presencial aceitaram e assim retomamos.

Voltar a atender presencial, aquilo que para mim era uma rotina deliciosa do meu dia a dia virou um processo! Virou um verdadeiro ritual para ir ao meu consultório, o lugar que me fazia sentir uma plenitude sem igual! Era máscara, máscaras extras, álcool em gel na bolsa, no consultório e todo o aparato necessário para seguir os protocolos exigidos pela OMS. O cuidado, o alerta em que vivíamos, a antecedência e o cuidado com o espaço para preservar o paciente trazia uma alegria enorme em estar retomando, mas vou confessar que era muito mais cansativo! Eu chegava em casa e, ao tirar a máscara, o rosto estava todo marcado pela máscara e assim ficava até o dia seguinte!

Esse momento de dedicação, autocuidado, zelo com seu paciente e com os outros passou a fazer parte da rotina de todos nós. Bom, pelo menos dos que realmente buscam fazer a sua parte!

E assim, durante a pandemia, o teleatendimento passou a ser coisa corriqueira; algumas plataformas foram criadas e os pacientes passaram a se acostumar com o formato e nós, profissionais de saúde também e até mesmo aqueles que antes criticavam e tinham resistência acabaram cedendo.

Creio que no pós-pandemia esta prática vai continuar, e os profissionais estarão mais preparados para negociar com seus pacientes e com eles próprios para que a barreira geográfica, física e emocional possa ser quebrada e, no lugar de tudo isso, haja mais qualidade de vida e bem-estar. É o que desejamos, afinal, nós temos esse compromisso com nosso paciente!

Toda a aceleração digital causada pela Covid-19 certamente trouxe decisões ágeis que precisam ficar, e todos nós teremos que nos adaptar e buscar aprender, sermos abertos à tecnologia para agregar valor ao nosso trabalho.

O *Business Agility* trouxe uma gama de soluções para todas as áreas, otimizou os atendimentos, o acesso, a comunicação, os relacionamentos, os aprendizados e as tomadas de decisão em prol da comunidade!

Não tem mais volta! Os atendimentos a distância vieram para ficar! No meu entendimento, os conselhos de medicina e de psicologia que se ajustaram para o teleatendimento para o enfrentamento da pandemia da Covid-19, certamente no pós-pandemia farão ajustes maiores e assim, a tendência é que os profissionais de saúde buscarão maior adequação a este espaço virtual. Mais uma vez pontuando, é claro que, em algumas especialidades ou em alguns momentos em que seja necessário o exame clínico, isso será feito. Terá uma amplitude maior e maiores recursos para o acesso do paciente aos profissionais habilitados e os pacientes que necessitam e estão dispostos a esse formato.

A tecnologia nos brindou durante a pandemia com muita inovação na área da saúde. Tanto as plataformas digitais para atendimento como os algoritmos criados para armazenamento de dados que hoje possibilitam ao sistema de saúde o acesso às informações do usuário para diagnóstico, como a visão da logística de insumos que faz o sistema rodar com mais eficiência e menores gastos e descartes desnecessários.

A gestão em saúde vem crescendo e profissionalizando-se e hoje, os profissionais, mesmo os da assistência, precisam de conhecimentos de processos para planejamento e organização que a bem pouco tempo não dispunham. A resistência natural que a área da saúde tinha por acesso de dados do paciente via plataformas online e a preocupação de que o acesso remoto a esses dados poderia ferir seu código de ética com a exposição sem controle dos dados do seu paciente fez com que a LGPD se preocupasse com isso e buscasse ajustes para manter essa intimidade resguardada.

Somos responsáveis com o cuidado e com os resguardar dos dados, e o benefício que se tem com toda esta demanda acelerada pela pandemia está trazendo frutos no cuidado e segurança do paciente.

Utilizando a plataforma online, criada especialmente para este programa, foi possível não só atender aos pacientes, mas além disso, criar um viés de comunicação entre os profissionais, onde as condutas e protocolos clínicos eram discutidos e atualizados, onde os números eram apresentados e onde a supervisão dos casos eram feitas.

Profissionais de saúde que nunca tinham atendido a distância, e alguns que eram até pouco tempo resistentes a isso tiveram que negociar com seus próprios valores em prol do paciente! E na área da saúde, não é isso que fazemos o tempo todo? O foco no paciente não nos faz negociar com nosso tempo, nosso cansaço, nossa hora de lazer, nossa dedicação? Não seria diferente em meio a uma pandemia, não é verdade?

Quando a telemedicina foi divulgada na mídia em 2019, num programa de grande audiência no Brasil, prematuramente, pois não existia ainda consenso dos conselhos para tal, foi um murmurinho! Os profissionais de saúde que já utilizavam de alguma forma a comunicação online com seus pacientes gostaram, e outros se assustaram, outros se sentiram surpreendidos e muitos buscaram informação. Mas havia toda a questão de *compliance* para ser parametrizada, hospitais e clínicas tinham o receio de que as operadoras de saúde diminuíssem ainda mais o valor/consulta e diminuíssem a entrega de qualidade nas consultas. Não houve negociação antes com os conselhos que representam a classe, e estes se sentiram traídos e desrespeitados. A partir daí, existiu uma busca maior por informação a respeito e algumas empresas *startups* aceleraram a construção de algoritmos e plataformas de telemedicina. Esse processo foi acelerado com a pandemia.

Hoje a telemedicina é considerada parte da jornada do paciente, onde esse procedimento já é bastante comum, com resultados bastante expressivos na qualidade do atendimento ao paciente. O crescimento exponencial durante a Covid-19, só veio a confirmar esse cenário e ampliar a abrangência, especialmente ao paciente crônico e ao portador de Covid-19.

O grande desafio neste momento é como ampliar esse formato e entregar ainda mais qualidade, visto que os profissionais de saúde já estão melhor preparados para esse tipo de abordagem.

A ANS (Agência Nacional de Saúde) já considera a teleconsulta com o mesmo código da consulta presencial.

O foco na inovação e a jornada digital, que já vem acontecendo faz tempo, possibilita a abrangência do atendimento com mais acessibilidade ao paciente.

O atendimento por telessaúde passa por procedimentos de segurança como os dados do paciente que são resguardados pela LGPD, com isso, as plataformas que hoje já existem para esse tipo de atendimento, já se prepararam para emitir laudos, receitas e pedidos de exames já com assinatura digital. Inclusive as farmácias rapidamente se adaptaram a esse processo.

Pesquisas já mostram que em torno de 66% dos pacientes atendidos via telemedicina não precisam recorrer a atendimentos presenciais, e muitas urgências foram resolvidas em tempo ágil, minimizando o agravamento do caso.

Todo este sucesso vai depender, é claro, da conduta do especialista no atendimento, como ele faz o manejo clínico, como ele negocia com seu paciente durante a consulta a aderir a indicação clínica para o cuidado pós-consulta.

A telemedicina pode aumentar a concorrência, na medida em que o paciente pode escolher o especialista em qualquer lugar do mundo; isso vai exigir do profissional de saúde um diferencial técnico, prático e na capacidade de relacionamento que faça uma anamnese de qualidade para melhor conduzir o atendimento aumentando assim, a adesão do paciente. É preciso então investir em treinamento para este profissional de saúde. A Dra. Nazareth Ribeiro, como coordenadora responsável pela equipe de voluntários psicólogos, que fazem o atendimento por videoconferência, com sua experiência no atendimento online desde 2003, buscou treinar esses voluntários para auxiliá-los na qualidade dos atendimentos aos pacientes com Covid-19; a qualidade desse atendimento foi confirmada pelos dados das pesquisas de satisfação preenchidas pelos pacientes após o atendimento.

Muito importante esclarecer que, assim como na consulta presencial, o profissional de saúde precisa oferecer qualidade e conduta ética no atendimento online, sempre com foco na qualidade de vida e bem-estar do paciente.

Neste momento de pandemia, e acreditamos que no pós-pandemia também, a telemedicina é a opção mais segura para o atendimento, preserva pacientes e profissionais de saúde da exposição do vírus e, certamente, ajudou a controlar a proliferação, que poderia ter sido ainda maior, com isso considerando uma ferramenta de extremo valor. Contudo, não podemos deixar de citar os profissionais de saúde que não tem essa escolha, eles que estão agora, enquanto estamos escrevendo este livro, no front, atendendo usuários contaminados e arriscando sua própria vida! É desolador acompanhar, por exemplo, o que vem acontecendo ao redor do mundo, mas vamos citar Manaus, no Amazonas, que enfrentou uma situação de saúde tão difícil que só em pensar já dói o coração! Não temos a intenção de levar o nosso leitor a confrontar seus sentimentos e emocionar-se por causa disso, nossa intenção é justamente o contrário, é levá-lo a se preparar para decisões ágeis, baseadas em evidências e em prol de uma saúde mais sustentável; porém não podemos fechar os olhos para o que vem acontecendo e para o que

Manaus vem enfrentando! Toda nossa consideração, respeito e solidariedade ao povo amazonense e aos profissionais de saúde de lá, por toda sua dedicação e compaixão.

Esperamos que num ano tão difícil para todos nós como foi 2020, ano em que tantas famílias perderam entes queridos, e isso não podemos desconsiderar, tenha servido para aprendermos o amor ao próximo, a solidariedade, a generosidade! Desafiamo-nos, aprendemos, fomos atrás de conhecimento, criamos um ambiente para trabalharmos remotamente, choramos, sentimos falta de coisas que nem fazíamos, superamo-nos, isolamo-nos, aprendemos a respirar por trás da máscara, usamos álcool em gel, mas, acima de tudo, precisamos aprender a olhar para o outro e para dentro de nós mesmos! Não é à toa que a única coisa que fica visível em nós, durante a pandemia, são nossos olhos! E nós, profissionais de saúde, precisamos ter o olhar do afeto, da generosidade, da compaixão! Vamos usar o nosso olhar com generosidade, empatia e leveza!

Aprendemos muito durante este ano, mas pagamos um preço enorme por isso! Que tenhamos respeito à dor de todos que perderam seus entes queridos e por aqueles que ainda estão lutando pela vida em seus leitos! Não podemos dizer que temos muito a comemorar, sabendo que tantas vidas se perderam! Apenas sejamos gratos por estarmos aqui, por termos conseguido trabalhar, por termos a chance de nos adaptar, e vamos continuar lutando!

Tivemos que parar! Tivemos que lidar com nossas limitações, que flexionar, que dar valor a cada momento vivido, a cada respiração!

Vamos experimentar um sorriso no olhar!

Quem conseguiu atender online vamos agradecer aos nossos pacientes que aceitaram ir para o atendimento online e permitiram-me fazer parte de suas vidas num momento tão difícil, aos meus alunos que tiveram aulas via Zoom e, mesmo cada um no seu quadradinho, participaram e trouxeram experiências incríveis, aos meus amigos e familiares que me fizeram companhia, cada um com suas possibilidades!

Em meio à pandemia, eu, a Dra. Nazareth Ribeiro, apliquei um formulário de pesquisa do Google, que não teve a pretensão de ser uma pesquisa acadêmica, até porque não teríamos tempo de aplicar a um conselho de ética para esse fim; porém, alcançou uma aderência bastante significativa, com 597 respondentes em apenas dois dias no ar (foi elaborado e compartilhado pela Dra. Nazareth Ribeiro em suas mídias sociais), o que é uma amostragem bastante relevante, certo? Pois bem, para vermos a força das mídias sociais!

O link da pesquisa foi divulgado em seu Instagram e LinkedIn. Uma das perguntas foi: "Você considera que a tecnologia e as mídias digitais estão tendo um papel importante neste momento, para informação, pesquisa, estudo, trabalho, relacionamento e manter as pessoas ocupadas neste momento de isolamento social?"

Vejam só, 98,1% das pessoas disseram que sim.

Estes números nos mostram como a tecnologia, a comunicação nos meios digitais tem um papel importantíssimo em nossas vidas neste momento, em todos os sentidos, seja para se comunicar, pesquisar, aprender, trabalhar, como de relacionar de todas as maneiras!

Então, não adianta ir contra, não adianta criticar, não adianta ser resistente! Apenas aprenda a fazer da forma certa!

Essa mesma pesquisa, onde grande parte dos respondentes eram profissionais da área da saúde, perguntou: "Você buscou algum tratamento para cuidar dos sintomas durante a pandemia?" Responderam que sim 24,6%; destes, 44,6% responderam que o serviço buscado foi a psicoterapia. Na pergunta: "Caso você não tenha buscado atendimento com especialista na área da saúde durante a pandemia, você buscaria caso necessitasse?" Responderam que sim 94,3%, e 61,2% disseram que o atendimento foi online; 68,6% afirmaram terem se sentido seguros com o atendimento a distância e 94,3% afirmaram que buscaram o atendimento na área da saúde no formato online. Esses números confirmam o quanto a tecnologia aliada à saúde foi importante durante a pandemia para manter os usuários em segurança com acesso ao cuidado.

No pós-pandemia, acreditamos que o *home office* será mantido por mais algum tempo ou até mesmo será uma forma de minimizar custos das empresas. Talvez o formato híbrido, onde parte do trabalho pode ser presencial e outra parte a distância, seja a melhor solução, assim o trânsito terá certamente um reflexo positivo, gastos com deslocamento, alimentação e tempo de ir e vir poderão ser otimizados. Falando, é claro, em atividades em que a entrega do serviço possibilite este formato.

Os órgãos reguladores da saúde estão buscando nortear as tecnologias e o ecossistema digital para dar maior acesso à assistência via telemedicina. Um dos passos é operacionalizar e inserir os dados pessoais nos sistemas de informação de saúde. A Covid-19 acelerou o olhar das pessoas sobre o ponto de vista digital e é preciso mostrar esse valor na área da saúde para ganhar a credibilidade do usuário.

Ainda existe um longo caminho nesse sentido, pois a tecnologia precisa estar à frente de necessidades básicas para solucionar problemas, não para complicar e afastar o usuário, e sim, para incluir.

Sistemas de prescrição medicamentosa eletrônica ajudam bastante para a base nacional de medicamentos que fale com a Anvisa e entenda quais os componentes de cada medicamento para que as prescrições estejam alinhadas de forma criteriosa para salvarem vidas. Essa organização vai estruturar a rede nacional de sistema de saúde. Muitos países como Portugal e Chile já possuem essa informação estruturada, como a Inglaterra, por exemplo, que saiu na frente. Um sistema nacional de dados que viabilize a tomada de decisões baseadas em evidências na busca da qualidade da assistência e segurança e prevenção do cuidado do paciente.

É fundamental que seja trabalhada a cultura digital na área da saúde para diminuir a lacuna que ainda existe, que seja reconhecido e seja um chamado para os gestores em saúde abraçarem essa missão e buscarem capacitação nessa área.

Os softwares voltados para a área da saúde estão crescendo em número cada vez maior e seria muito bom que os sistemas conversassem entre si em prol do valor agregado ao cliente.

Abre-nos uma questão sobre que competências-chave são necessárias para desenvolver estas estratégias, para refletir sobre tudo o que é possível entregar de valor para o cenário da saúde no ambiente digital considerando, é claro, a LGPD para cuidar da proteção dos dados do paciente e usá-los de forma criteriosa e responsável, unificando os dados de saúde do paciente em um único sistema, onde este poderá ser o grande avanço em que os pontos de contato de informação do paciente, seja ele público ou privado, esteja a serviço da melhor rapidez e qualidade das tomadas de decisões em saúde, tornando automático a interoperacionalidade dos sistemas, cruzando as informações relevantes via inteligência artificial.

É preciso criar padrões e fomentar padrões de acesso, tendo realmente o paciente como foco central!

Como a LGPD pode ajudar na proteção dos dados do usuário sem comprometer a qualidade da assistência, considerando o usuário não só o paciente, mas também o ecossistema digital de saúde? Vamos pensar não só no problema, mas também na solução!

E se formos considerar o custo, que é uma preocupação dos gestores em saúde, este custo também será menor, em busca de uma integração dos sistemas de informação de dados.

E com isso nós fazemos uma outra pergunta: os usuários de serviços de saúde estão preparados para compartilhar seus dados? Importante consumir soluções tecnológicas, que facilitem a tomada de decisão, mas que também tenham a preocupação em resguardar os dados do paciente, ajudando assim, a trilhar a jornada do usuário do sistema de saúde. Precisamos pensar em como as *startups* podem trazer soluções de forma ágil, que salvem vidas e de forma segura, onde o profissional de saúde precisa ver a telemedicina como uma inclusão, garantindo os padrões de segurança e não como uma ameaça.

Este assunto traz à luz uma questão: Como vamos valorizar o campo dos negócios digitais?

O marco legal das *startups*, já que é um produto que não existe no mercado, uma inovação, como vamos precificar?

As relações entre o time numa startup não são de emprego e encargos salariais, mas, sim, de colaboração, e em geral, trabalho em cima de um problema a solucionar, uma dor a resolver, um propósito, e precisam emergir com uma solução a ser desenvolvida, por isto precisam de um olhar diferenciado e um perfil de competências necessárias para colocar o projeto para rodar.

Vamos ter mais unicórnios saídos das *startups* brasileiras, certamente. Onde diversas áreas de tecnologia em saúde poderão acelerar. Especialmente durante a pandemia, e que poderão continuar escalando no pós-pandemia, desde que sejam sustentáveis.

A lei de inovação estimulou a criação de patentes, o que funcionou como métrica para o CNPJ.

Porém, falta ainda a consciência das universidades em relação aos pedidos de patentes. Os pedidos de patentes geram um custo para a universidade que nem sempre têm recursos ou incentivos.

É importante ouvir o que a indústria está dizendo.

Importante conscientizar o empreendedor sobre o que ele está criando como projeto científico para que ele o estude e faça as devidas adaptações seguindo as demandas de mercado.

Tanto o aluno de mestrado ou doutorado pode ser ajudado a implementar projetos que antes não sairiam do seu projeto de pesquisa acadêmica com esta parceria.

O empreendedorismo e inovação precisam estar juntos, e os projetos precisam ser viáveis e realmente focar na dor do usuário.

A demanda por serviços digitais na saúde torna-se cada vez mais concreta, especialmente durante a pandemia, em especial, tratamentos psicológicos e psiquiátricos; é importante trazer soluções e de forma mais rápida, inclusive no campo regulatório para validar os modelos de negócios, testando e validando os sistemas para aperfeiçoar o serviço.

Falar sobre tecnologia em saúde, sobre jornada do paciente no ecossistema digital, experiência do usuário, tomada de decisão baseada em evidência, acessibilidade, treinamento, assistência e posicionamento do profissional em saúde digital é muito importante para trazer a luz a este assunto que tem como objetivo sensibilizar a todos quanto à importância de uma entrega de serviços em saúde digital de qualidade e valor para o sistema e, especialmente, para o paciente, onde as soluções precisam ter usabilidade, o que nos mostra que ainda temos um longo caminho a trilhar. Entendemos que caminhamos cada vez mais para soluções híbridas (presencial e online), que facilitam a comunicação, o acesso e o engajamento entre sistemas de saúde e pacientes.

A medicina precisa caminhar próximo da tecnologia e informação para ser os instrumentadores deste processo. É preciso pensar em proteger não a ideia, mas o plano de negócios. É desafiador pensar em como as *startups* podem oferecer soluções de forma regulatória.

Vamos pensar: qual o impacto da pandemia na saúde mental da população?

Como a pandemia está impactando a vida das pessoas e como elas vão lidar com o pós-pandemia, com a retomada, e o que vai retomar? Que hábitos vamos manter e o que aprendemos com esta crise?

Muitas pessoas em depressão, ansiedade, medo, angústia!

Os transtornos mentais podem ser determinados por várias causas, como aspectos neuropsicólogo, social, cultural, ambiental, abuso de drogas, nomofobia (abuso de tecnologia), além da exposição ao alto nível de estresse, como vem acontecendo durante a pandemia.

Ambientes tóxicos e abuso moral e psicológico também podem ser gatilhos para o sofrimento mental.

Estes dados alertam para a importância do tratamento direcionado a saúde mental para busca de qualidade de vida e bem-estar.

O atendimento remoto via plataformas digitais está fazendo toda diferença neste momento e, certamente, será uma das soluções que serão mantidas e aceleradas ainda mais no pós-pandemia. Os aplicativos de saúde e gerenciamento de tarefas também serão algumas das soluções que ganharão escala.

Falando sobre este assunto, tão importante para todos os profissionais de saúde, especialmente os que estão na gestão de alguma unidade de saúde, cabe incluir neste livro um espaço para falar sobre judicialização na saúde, a seguir:

Judicialização da saúde

Como durante a pandemia muita coisa mudou na área da saúde, em especial devido ao enfrentamento ao Covid-19, vamos apresentar este material a seguir que solicitamos a advogada, que produziu o case 8, Diana Quaresma, que trabalha diretamente com gestores de saúde para contextualizar em termos jurídicos o que aconteceu durante a pandemia.

Antes de falarmos sobre judicialização da saúde, se faz necessário explicar que a saúde é um direito de todos e um dever do Estado. Deve ser garantida mediante políticas sociais e econômicas que visem à redução do risco de doença e de outros agravos. Deve ter acesso universal e igualitário conforme preceitua o art. 196, da Constituição Federal.

Ocorre que, por inúmeros motivos, muitas vezes esse direito é negado ao cidadão e, assim, surge a necessidade de buscar a via judicial para requerer a efetivação da prerrogativa constitucional do direito à saúde. Dessa forma, entendemos que a judicialização da saúde nada mais é que a necessidade de buscar junto ao Poder Judiciário uma demanda em relação à saúde que foi anteriormente negada, seja de um tratamento, um medicamento ou até mesmo um leito hospitalar.

Diante da teoria da tripartição do Estado, entende-se que deveria haver uma certa equidade entre os três Poderes (Legislativo, Executivo e Judiciário) que, embora tivessem autonomia para agir de forma independente, deveriam ser "equilibrados" entre si, como o sistema político baseado no princípio de freios e contrapesos, idealizado por Montesquieu. Diferente disso, viveríamos numa nação sem controle.

Com a chegada da pandemia da Covid-19, inúmeras decisões passaram a ser tomadas exclusivamente pelo STF, Supremo Tribunal Federal, órgão hierarquicamente mais alto do Poder Judiciário. Somente em 2020, o STF tomou quase 8 mil decisões relacionadas à saúde brasileira. Foram mais de 6.500 processos entre a primeira sessão realizada por videoconferência (feito inédito, diga-se de passagem) de abril a 18 de dezembro, data que antecedeu o recesso forense.

Uma das primeiras decisões do STF, ainda em abril, foi determinar que estados e municípios passariam a ter competência para impor medidas restritivas à população no combate do coronavírus.

Um pouco antes, no mês de março, um dos ministros do STF anulou um trecho da MP 928, assinada pelo

Presidente da República (chefe do Poder Executivo), que limitou o acesso às informações prestadas por órgãos públicos durante o estado de calamidade pública decretado por causa da pandemia da Covid-19.

Ainda em março, o Supremo autoriza o Congresso (Poder Legislativo) a votar as medidas provisórias diretamente em plenário, sem precisar passar pelas comissões da casa. Tal decisão viabilizou, por exemplo, que a Lei de Diretrizes Orçamentárias de 2021 fosse aprovada sem passar pela Comissão Mista de Planos, Orçamentos Públicos e Fiscalização.

Também em março, outro ministro do STF decidiu rejeitar pedido para que o poder público passasse a regular a utilização dos leitos em UTIs (unidades de terapia intensiva) na rede privada enquanto durasse a pandemia.

Mais uma vez, no mês de março, o Supremo atuou em centenas de decisões sobre a Covid-19. Na ocasião, já se sabia da gravidade da doença, da forma rápida de contágio e, também, infelizmente, de uma das mais graves consequências que as medidas de isolamento e proteção de fato poderiam causar, qual seja, a crise econômica.

Em junho, um dos ministros do STF decidiu suspender a realização de operações policiais em comunidades do Rio de Janeiro durante a pandemia do novo coronavírus. Com isso, as operações passaram a poder ser deflagradas somente em casos excepcionais, fazendo com que as forças de segurança estaduais tivessem que justificar suas medidas por escrito e ainda, comunicá-las ao Ministério Público do Estado.

No mês de agosto, o Supremo Tribunal ordenou a adoção de uma série de medidas, por parte do Governo Federal, para conter o contágio e as mortes ocasionadas pelo já referido vírus entre a população indígena. A manutenção de barreiras sanitárias foi uma delas.

Percebe-se então que julgar processos referentes à área de saúde envolve muito mais do que se aparenta. Chego a arriscar dizendo que essa é apenas a ponta do iceberg.

As pessoas ficam doentes quando não tem dinheiro, quando se encontram em situações precárias de moradia e alimentação, quando não conseguem uma vaga de emprego, quando não tem saneamento básico, quando não recebem apoio do Estado que deveria fornecer a todos, educação, saúde, alimentação, trabalho, moradia, segurança, conforme dispõe o art. 6º da Constituição Federal.

Um dos fundamentos da CF (art. 1º, III) é a dignidade da pessoa humana. Agora me diga, qual dignidade pode ter uma pessoa adoentada que não consegue, sequer, um leito num hospital?

O câncer de mama, por exemplo, ainda é uma das doenças que mais mata no Brasil. Agora, pasmem! Não é a doença que mata propriamente dita, mas a falta de um diagnóstico precoce ou a falta do tratamento correto em tempo hábil. Muitas vezes, a "briga" na justiça é para se ter acesso a um tratamento, que é um DIREITO de todo cidadão, conforme já mencionamos, é longa demais e com o passar do tempo a doença se agrava e a pessoa vem a óbito antes mesmo de ser medicada. Triste realidade...

Por esses e outros tantos motivos que vimos no decorrer desse ano tão difícil que precisamos mudar nossa mentalidade e partir para práticas preventivas. Nós, advogados, quando em formação (antigamente ao menos), fomos incitados em nossos cursos a qualquer motivo criar uma demanda judicial.

Uma consultoria bem-feita é capaz de evitar muitas demandas judiciais. Um advogado como mediador de um conflito entre um médico e seu paciente ou como negociador entre um hospital e uma operadora de saúde, por exemplo, pode fazer muito mais por ambos os lados (num jogo *win-win*) do que um juiz de direito por meio de uma decisão que será, necessariamente, monocrática.

A advocacia preventiva, que atua no gerenciamento de riscos, que antevê uma situação prejudicial, que resolve antes do problema se tornar "gigante".

Por fim, o que falar sobre uma vacina que ainda nem chegou e já virou uma demanda judicial?

Nossa Suprema Corte foi provocada a tomar decisões ainda quando nem havia expectativa de criação de um imunizante.

Como feito mais recente, em 17 de dezembro de 2020, o plenário decidiu, por dez votos a um, tornar a vacinação contra a Covid-19 obrigatória em todo país.

Igualmente, já quase findando o ano, estados e municípios, novamente por decisão judicial, ganharam a possibilidade de comprar vacinas aprovadas por agências dos EUA, União Europeia, China e Japão.

E não parará por aqui... veremos como será 2021.

Este relato minucioso foi escrito pela advogada, que desenvolveu o case 8 deste livro, no Rio de Janeiro, em 31 de dezembro de 2020, em solicitação da Dra. Nazareth Ribeiro, sua professora de Negociação e Administração de Conflitos, que revisou o artigo para esta publicação.

UNIDADE 04

O QUE OS HEALTH PROFESSIONALS NEWGOTIATORS DEVEM SABER SOBRE NEWGOTIATION PARA SEREM LÍDERES MELHORES

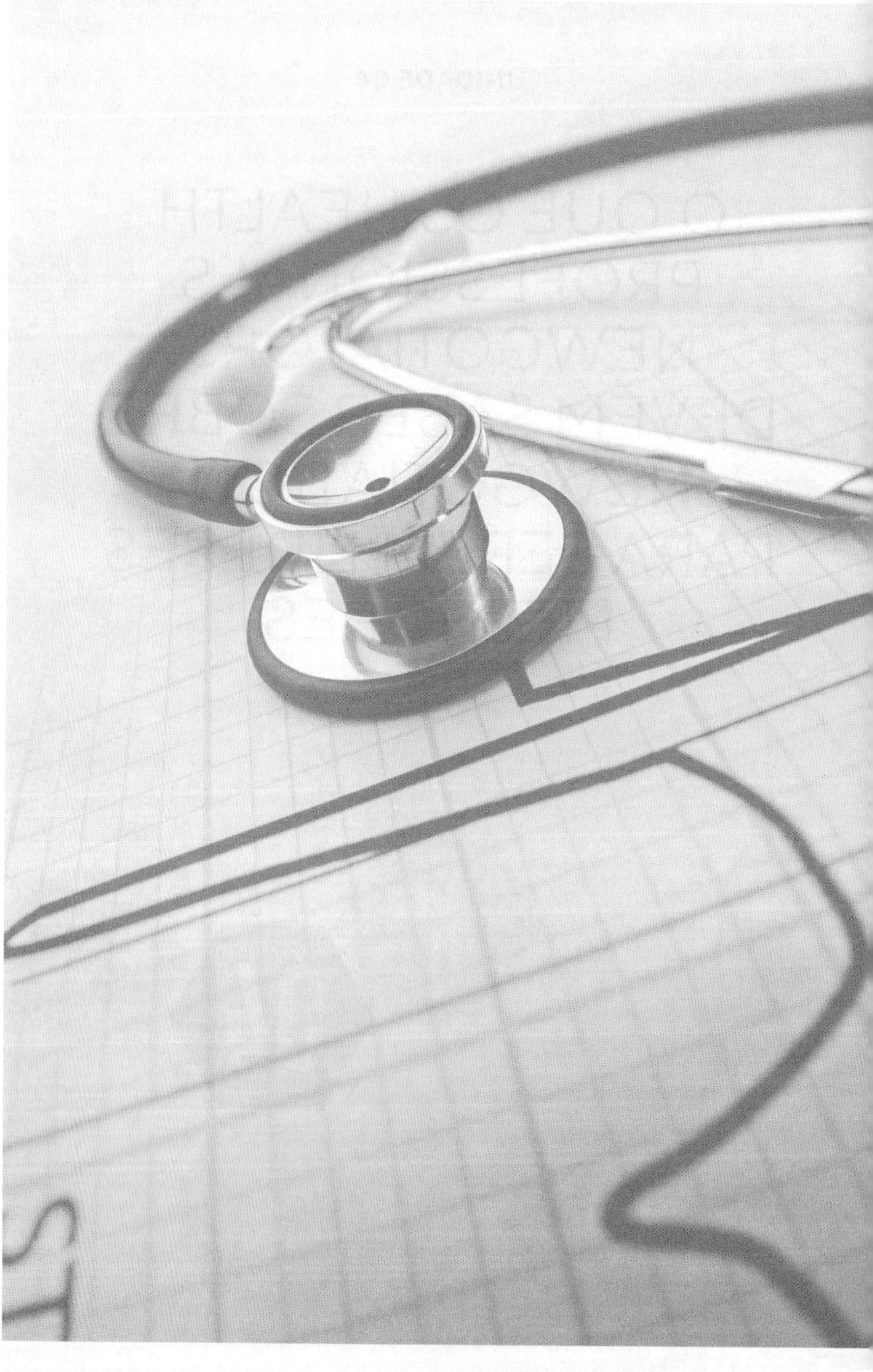

Como resolver os problemas?

Toda negociação, seja ela simples ou complexa, envolve um processo, isso nós já sabemos e já discutimos aqui ao longo do livro. SHELL, 2001, considerou quatro fases para que este processo aconteça: preparação, troca de informações, propostas de solução e fechamento do negócio.

Conhecer as quatro etapas e os dez elementos que estão na matriz de negociações complexas ajuda muito a desenvolver uma negociação e encaminhá-la a um resultado ganha-ganha.

Ter uma metodologia que nos ajuda a nos preparar para as negociações pelas quais vamos lidar no dia a dia de um cenário complexo como é o da área da saúde nos ajuda a obter melhores resultados em nossos processos de negociação, sejam eles simples ou complexos. O método de negociação Newgotiation propõe um formato ao qual denominamos Matriz de Negociações Complexas. Vamos descrever o passo a passo desta metodologia a seguir para que você, nosso leitor, possa utilizá-lo para se preparar melhor e assim ser um melhor negociador na área da saúde.

Vamos considerar segundo a metodologia Newgotiation, as quatro etapas importantes de uma boa negociação: Preparação, Criação de Valor, Distribuição e Fechamento, para ajudar o negociador, aquele que chamamos Newgotiator (Duzert, Zerunyan, Moraes, 2021) a se sentir mais seguro e confiante, com maior domínio de informações, prevendo possíveis perguntas, dominando melhor as informações referentes ao contexto do que será negociado, mais preparado para suas argumentações, mais articulado em termos de buscar a melhor comunicação com seu interlocutor, para alcançar um resultado *win-win* em suas negociações.

Vamos então, descrever a seguir os dez elementos, os quais definiremos, para ajudar o nosso leitor em suas próximas negociações (essa foi a metodologia utilizada nos cases relatados):

Os dez elementos da Matriz de Negociações Complexas, sob a visão do nosso autor Yann Duzert:

Contexto

O contexto é representado pela situação micro e macroeconômica, política, social histórica e geopolítica. O clima organizacional de um hospital ou do órgão regulador, por exemplo, pode impactar as negociações e decisões de profissionais em sistemas de saúde.

Uma análise de contexto permite perceber qual é o melhor contexto para negociar uma fusão, a venda de um consultório, a renegociação de aluguel comercial, a compra de insumos, a contratação de pessoal, por exemplo.

Um mapeamento dos departamentos, das lutas internas, da governança, permite ter uma clara visão da margem de negociação.

Fazer inteligência, saber o histórico do paciente, conhecer o comportamento dele, a reputação do médico, a disponibilidade de leitos, a situação econômica do país: toda essa preparação permite elaborar uma melhor estratégia de negociação.

A figura acima apresenta, de forma esquemática, as relações de dependência e interdependência dos agentes/pares em uma empresa. No centro da figura, tem-se o time, composto pelo chefe e pelos indivíduos que são pares (estão no mesmo nível hierárquico) e subordinados. Esta relação chefe-subordinados e os conflitos de interesse dos diretores e dos departamentos. Ambiente que (Y. Duzert, M. Simoniato, D. Leal. Conflito de interesse, sérum anticorrupção, 2021) exige uma negociação vertical e a relação entre os pares exige de cada um, uma negociação horizontal.

Dentro da organização, o chefe tem que se relacionar com seus pares que são chefes de outras áreas, gestores de equipes, relacionamento este que exige também uma negociação em muitos momentos. Existem negociações entre times transdisciplinares na área de saúde, como os representados por clientes e fornecedores de serviços onde, por exemplo, o setor jurídico é um fornecedor interno de contratos de produtos médicos, tendo como cliente o setor comercial. Também muitos projetos na área da saúde falham por causa do "Triângulo das Bermudas", brigas entre os "atores" otimistas/rápidos do setor comercial (vendas ou suprimentos), os "soldados" rigorosos do setor de logística administrativa (farmacêuticos, responsável pelo TI (tecnologia de informação) da clínica, contador cuidando do orçamento, os responsáveis de departamento cuidado do timing e o jurídico (cuidando das relações com agencia Anvisa, com o Conselho de Medicina, operadoras etc.) cuidando da *compliance* meticulosamente.

Ultrapassando os portões de organizações de saúde, as empresas públicas e privadas se relacionam com seus fornecedores e clientes externos, além de se relacionarem com seus acionistas/donos/investidores e com a comunidade na qual está inserida. Todas essas relações conduzem à necessidade de negociações, sejam elas simples ou complexas, únicas e duradouras.

Qualquer negociação exige uma análise do contexto da cultura, da macroeconomia, da geografia, da história, dentre outros; o que permite identificar a melhor forma de se negociar, seja por negociação direta, negociação por meio de agentes (advogados, agentes imobiliários, procuradores etc.), por meio de facilitadores, mediadores, leilões, informais paralelas, multipartite, arbitragem e resolução de conflitos por meio de terceiros, sendo eles, juízes e o poder de polícia.

Cognição

É um elemento que envolve: percepção, dados, comunicação, etimologia, raciocínio, informação, entendimento e linguagem.

Na preparação, o médico pode avaliar e definir o diagnóstico diferencial sob sua percepção clínica técnica/prática de qual é a doença do paciente e qual a abordagem terapêutica melhor a ser direcionada, desde que os dados da saúde do paciente sejam adequadamente analisados e comprovados.

Em alguns casos, existe assimetria de informação, como foi o caso da Covid-19, onde não existia protocolo para direcionar a melhor assistência ao usuário. O elemento cognição vem mostrar onde existem diferenças de interpretação entre a parte A e a parte B e ajudar o profissional a escolher que postura tomar, em alguns casos, devido às incertezas e evidências científicas, esse processo se torna uma negociação interna dolorosa, como no caso da Covid-19.

Percepção da Realidade

Assim, o elemento cognição trata do conhecimento e do alinhamento das diferentes compreensões sobre o assunto, sobre o significado dos dados, trata de reduzir o "gap" de percepção das partes e sobre as partes.

Mostra onde existe entendimento errado, interpretação diferente dos riscos, viés decisório.

Interesses

Interesses são os resultados que se deseja obter em uma negociação, os desejos dos pacientes, os interesses do médico, as necessidades do órgão regulador, as preferências. Pergunta-se: Qual é a razão de ser da negociação? Quais são os desejos e resistências do paciente? Quais os seus reais interesses na negociação? Quais os interesses da outra parte?

Para alcançar esses resultados, deve-se superar emoções, intempestividades, preocupações, medos, desejos, necessidades e esperanças. As pessoas têm seus próprios interesses e eles variam em função das circunstâncias. O melhor cenário é quando existem interesses em comum entre as partes.

Interesses são valores subjacentes às posições e constituem as razões pelas quais são estabelecidas as posições e as exigências. Quais os motivos, desejos, que estão por trás dos pedidos e das posições? A definição dos interesses conduzirá a negociação. E quanto mais informação, mais preparado o Newgotiator estará (Duzert, Simoniato, 2018).

Perguntas fundamentais: Por que estamos aqui negociando? O que eu desejo da outra parte? O que a outra parte deseja de mim? Como procederíamos se estivéssemos no lugar deles? Existem *stakeholders* envolvidos (Susskind *et al*, 2008). Quais interesses devem nos preocupar? Quais os interesses que são compartilhados entre nós e a outra parte? Quais interesses são diferentes? Quais interesses são conflitantes? O que buscamos atingir nesta negociação? Essas questões devem levar a uma satisfação dos interesses para que o acordo seja durável.

Além dessas perguntas, os interesses podem ser identificados a partir dos seguintes questionamentos:

- ▶ O que você deseja alcançar?
- ▶ Qual a sua meta?
- ▶ Qual o seu objetivo?
- ▶ Por que você está negociando?
- ▶ Quais são as diretrizes?
- ▶ Quais as estratégias a seguir?
- ▶ Quais são as prioridades?

Qual é a razão de ser da negociação, qual é a definição do problema, o porquê e aonde queremos chegar.

- Concentrar-se em interesses e não posições;
- Comunicar nossos interesses (talvez não sua intensidade);
- Perguntar sobre os interesses deles.

Conheça todos os interesses, mas não revele suas preferências

Há diferenças entre preferência, necessidade e desejo. A **preferência** está associada à prioridade que será definida para os diferentes interesses existentes em uma negociação na área de saúde. A intensidade das **necessidades** definirá o poder de barganha; quanto maior a necessidade, menor o poder de barganha e maiores as concessões. Por exemplo, o dermatologista deve calibrar a necessidade do cliente, o medo dele, o sonho dele e adequar com os planos de saúde do cliente ou com o orçamento dele e suas expectativas e, além de tudo isso, dar seu parecer técnico sobre o caso, para então dar início ao procedimento. O **desejo** está associado à utopia, o que eu desejaria, o que as outras partes desejariam, seria a condição ótima.

A conciliação, o alinhamento dos interesses, o estabelecimento de estratégias têm como "pano de fundo" uma análise benefício-custo, como é modelizado na Teoria dos Jogos. Cada estratégia, cada decisão tem um custo e um benefício e, analisadas e ponderadas essas variáveis, a escolha acaba recaindo sobre aquela que apresentar maior benefício. Há interesses que são negociáveis e outros não-negociáveis, definidos pelos princípios, pela moral e pela ética; há limites para os interesses que são os padrões de comportamento, critérios éticos, critérios morais. Definir os interesses nos permite identificar os possíveis conflitos de interesses.

Opções

Refere-se ao conjunto de possibilidades que pode atender cada interesse de cada parte e que poderão ser utilizadas nas trocas/concessões. As opções enriquecem a negociação, aumentam o "tamanho da fatia da torta". São oportunidades que podem ser oferecidas e trocadas para além das negociações financeiras. Quanto maior o número de opções, maiores as possibilidades de troca, mais "rico" se tornará o acordo e felizes se tornam as partes. Quando se negocia, por exemplo, quando será feito um atendimento (não estamos aqui falando em urgência), o local, o valor (ou como será pago), a conduta pré e pós-operatória, dentre outros, estamos negociando com nosso usuário, o tempo todo.

Enriquecer o resultado da negociação depende de criar novas oportunidades que agreguem valor e complementam a informação sobre a negociação. Essas oportunidades podem ser criadas por meio de uma "tempestade de ideias", com liberdade de pensamento, pois não representam qualquer compromisso, simplesmente são ideias. Muitas organizações de saúde evitam tempestades de ideias, o prazer do debate na franqueza amistosa. Assim, as pessoas criativas, os artistas acabam não propondo ideias originais ou projetos arriscados, pois têm medo de ser criticados ou ter a responsabilidade jurídico financeira do questionador. Por isso, inovar é difícil, por isso muitas organizações públicas têm pessoas "Soldados" que gostam de rotinas, protocolos, zero risco e muitas vezes zero inovação. Quanto mais opções existirem, mais poder se tem na negociação, pois você passa a ter mais oportunidades a serem trocadas, ampliando assim, as possibilidades de ganhos mútuos (Ury, 2014).

Para "inventar/criar", é preciso ter opções criativas, portanto, é preciso: separar o ato de criar opções do ato de julgá-las; ampliar as opções a serem apresentadas, em vez de buscar uma resposta única; buscar benefícios mútuos e inventar meios para facilitar as decisões do outro. Tudo isso, considerando a área da saúde, precisa estar de acordo com seu código de ética e responsabilidade.

Durante a pandemia, sabemos que muitas tomadas de decisão precisaram ser tomadas por desconhecimento técnico da doença, por falta de insumos e logística para atender a demanda do momento, mas a cautela sempre precisa fazer parte e muitas vezes, a burocracia e questões políticas acabam interferindo no resultado. Esta já é uma máxima conhecida pelo sistema, inclusive na pesquisa de tese de doutorado da Dra. Nazareth Ribeiro, um dos indicadores mais pontuados pelos respondentes como os maiores desafios a serem superados na gestão da área da saúde é a burocracia.

Padrão/Critérios

Refere-se à necessidade de se estabelecer/definir uma norma (técnica, contável, social) objetiva que seja aceita pelo mercado, pelos cientistas e outros órgãos de certificação. Por exemplo, o padrão ISO 9000, padrão de preço do mercado de um medicamento e/ou insumo num país e noutro. Definir padrões ou critérios é fundamental para qualquer negociação, como, por exemplo, padrão de qualidade para atender um paciente no departamento de oncologia, quais os protocolos a seguir. Diz o dito popular que "o que foi combinado (quando se tem regras) não sai caro". Qualquer organização tem um estatuto ou um regimento que define sua operação e o padrão de conduta com o qual todos devem concordar ao integrarem a organização. A economia tem como métricas índices e indicadores; e os bens e serviços são produzidos de acordo com padrões de qualidade, previamente estabelecidos.

O padrão dá legitimidade a uma decisão. A pauta ou um manual é um instrumento que representa um padrão do processo; a política de uma empresa também é um padrão, em que todos que dela participam devem concordar com esse padrão.

Como padrões e critérios, inclui-se também o padrão moral, de comportamento, de etiqueta, de costume, de rotinas, de funcionamento de empresa, de código de informática, de normas de *compliance*, definindo o que é permitido e não permitido dentro do sistema. Tudo isso está associado com a conciliação e com a liberdade de opções dentro dos padrões, sejam técnicos, de produtos, químico. O padrão permite a conciliação técnica, cultural, até mesmo de comportamento, dos costumes, facilitando o alinhamento entre as pessoas na busca da conciliação. O mesmo aconteceu agora durante a pandemia para a Anvisa aprovar, de forma emergencial, a vacina para o coronavírus.

Tempo

O **tempo** é um elemento que pode ser utilizado estrategicamente.

Exemplos:

- Retardar ou acelerar o processo de operar um paciente ou adquirir um novo equipamento de radiologia;
- Negociar com prazo ou sem prazo;
- Propor um tratamento agressivo rápido ou tratamento mais suave e lento;
- Quando existe incerteza no presente, como decidir para o futuro;
- Propor ao paciente ou à família, cuidados paliativos;
- Negociar um contrato de curto prazo ou longo prazo com assistente.

A velocidade com que um processo de negociação se desenvolve é um fator que pode gerar decepção e até frustração aos negociadores envolvidos. Quando a negociação se desenvolve ou termina rápido demais, os participantes tendem a ficar insatisfeitos, especulando se poderiam ter despendido mais tempo negociando ou pressionando a outra parte para obter melhores resultados. Por outro lado, se o processo de negociação for muito lento, cria-se uma sensação de desestímulo, desinteresse que pode contaminar o resultado da negociação. Se não tiver prazo, não tem pressão, mais tempo para identificar interesses, inventar opções, construir um relacionamento de confiança e de respeito e acordo mais detalhado que evita reengenharia.

Fazer uma breve interrupção pode ter o sentido de acalmar as partes, pode ser uma estratégia para relaxar o ambiente, para gerar um certo distanciamento do problema, em busca de uma solução. Por outro lado, poderá também gerar mais ansiedade e impaciência, o que tem um efeito negativo para quem fica ansioso por resultados.

Em momentos de incerteza, há uma dificuldade dos negociadores de se comprometerem com resultados futuros, o que inviabiliza a possibilidade de acordo. Os contratos contingenciais são utilizados para diluir o risco entre as partes, pois definem condições de se efetivar acordos no futuro quando as condições ajustadas ocorrerem. Há uma garantia de que dadas determinadas condições o acordo prevalecerá; se as condições não se configurarem, partes do acordo, vinculados a essas condições, estão cobertos pelo contrato e não sofrerão qualquer punição. Uma parte ganhou uma garantia no presente se futuras condições ocorrerem. Auguste Rodin disse: "Tudo que se faz com o tempo, o tempo respeita."

Questões que devem ser levantadas pelas partes a fim de dimensionar o planejamento e desenvolvimento das negociações na área da saúde:

- Quanto tempo se dispõe para preparar uma negociação e para negociar com o paciente ou com o colega da clínica?
- O tempo que uma das partes dispõe é semelhante ao tempo disponível pela outra parte? Por exemplo, o tempo do anestesista e o tempo do cirurgião: como sincronizar agendas e procedimento cirúrgico;
- A falta de tempo pode facilitar a quebra de um impasse? Ou poderia inviabilizar o melhor resultado de uma negociação?

Um **bom resultado** pode ser alcançado por meio de:

- Contratos contingenciais vinculando uma ação a uma outra ação;
- Avaliação da produtividade das negociações que representam tempo e dinheiro.

A definição de um tempo limite (*deadline*) obriga as partes a convergirem a um resultado de acordo. Há riscos envolvidos: atritos, pânico e impressão negativa. Uma negociação sem prazo, apesar de permitir mais tempo para a criação de valor, permite aumentar benefícios mútuos. Muitas vezes, é importante ir devagar para ir rápido, para conseguir melhores resultados, envolver todas as partes, controlar as variáveis, para não haver necessidade de reengenharia e reajuste no futuro.

Qual é o tempo da pessoa? O tempo é diferente para cada indivíduo, para cada empresa e para cada tipo de negócio.

Ver o *timing* da pessoa, se ela quer liberdade, agilidade, flexibilidade, ou se ela quer compromisso de longo prazo e diminuir a liberdade ou se ela quer segurança com relação ao tempo.

Pode-se observar, como exemplo, a dificuldade de conciliar o tempo na cozinha de um restaurante onde pratos com diferentes cozimentos solicitados por cinco clientes em uma mesma mesa devem sair todos juntos, de forma equilibrada e correta para a mesa dos comensais. Similarmente, uma das maiores dificuldades em negociação é conciliar o *timing* das pessoas, a sincronização e a percepção da velocidade. Em um procedimento cirúrgico também, pode acontecer assim quando vários profissionais de saúde estão envolvidos com o mesmo paciente. Neste momento, o médico chefe da equipe precisa que cada um, seja o enfermeiro (a), instrumentador, anestesista, saiba exatamente quando prestar seu serviço e fique atento a cada um, a equipe parece uma orquestra tocando uma maravilhosa sinfonia. E é assim numa consulta, num procedimento simples, numa cirurgia complexa, ou na gestão de uma negociação para tomada de decisão do sistema.

Concessão

Conceder significa oferecer à outra parte algo que dispomos e que seja de interesse dela. A concessão não significa perder poder. Conceder significa ter poder para oferecer uma opção que seja de interesse da outra parte. Opções se transformam em concessões (Duzert, Spinola, 2018). Trata-se de um jogo de estratégia. Concessão não é fraqueza, pode ser também um facilitador para fechamento de um acordo, especialmente, se há uma reciprocidade de concessão. Refere-se a um comprometimento das partes, formulação de compromisso e colocar-se no lugar do outro.

Cabem as perguntas: O que é conceder? Concessão significa perder? Concessão está associada à reciprocidade? Conceder é tornar-se refém? Conceder é submeter-se? Conceder é perder o poder?

Refere-se à:

- Comprometimento das partes;
- Formulação de compromisso;
- Reciprocidade;
- Colocar-se no lugar do outro (empatia);

- Doação;
- Resgate.

Para negociar uma concessão, é necessário que a outra parte possua algo desejável e que nossos próprios objetivos sejam atingidos, quando oferecemos algo em troca. A disposição para negociar é uma confissão de necessidade mútua.

A concessão pode ter relação com a ancoragem. Se a âncora for muito distante do que poderá ser acordado, significa que há uma amplitude grande para se fazer concessões.

As concessões poderão ser menores, tais como:

- Deixar o paciente escolher o calendário do tratamento;
- Dar um *day off* para a enfermeira que trabalhou além do seu horário previsto;
- Atender um paciente em seu dia livre.

Relacionamento

Esse elemento trata de como as partes se relacionam de forma afetiva, como compartilham os mesmos valores, sentimentos e identidades. O relacionamento dentro de consultório, hospital, laboratório, equipe, fornecedores, é tão importante quanto o relacionamento com o paciente. Por isso, o *staff* deve aprender a sorrir, falar de forma elegante, controlar seu estresse e suas emoções, mesmo em ambiente estressante. Aprender a controlar as frustrações, tensões e manter a justiça à distância. Demais perto do paciente, sentir tudo que ele sente, vai deixar o médico ou enfermeiro cansado emocionalmente. É melhor sentir-se envolvido, com foco na cura e não nos sentimentos. É difícil, mas muitas vezes necessário. A objetividade com a justa dose de carinho e sabedoria para ouvir e entender a dor do outro, mas continuar sereno para cuidar e tomar decisões. Empatia faz sentir o que o outro sente, talvez seja melhor se preocupar e querer focar na cura, tendo ou não alcançado um acordo, buscar manter o relacionamento em boas condições, "não se deve fechar uma porta".

Um bom relacionamento é uma das chaves para o sucesso da negociação. Não é preciso que as partes gostem umas das outras, nem que tenham os mesmos interesses; porém, deve prevalecer o respeito e a integridade.

Em uma negociação, as partes conversam muito entre si, sobre diversos assuntos, que as ajudam a se conhecerem melhor. Pesquisas indicam que cerca de 95% do tempo da negociação (criam-se laços, credibilidade, confiança) são despendidos com essa conversa anterior, e a negociação, propriamente dita, só ocorre ao longo dos 5% do tempo (em geral, ao final da negociação). Trata-se de um investimento realizado no tempo e que geralmente traz ótimos resultados.

Deve-se buscar "entrar na frequência" do outro, generosidade de dar seu tempo e valorizar o outro, suspender críticas e julgamentos, gerando credibilidade e afinidade. Devemos nos relacionar antes de racionalizar; o relacionamento antecede o negócio.

Algumas perguntas que cabem neste cenário: Quais são as emoções do paciente? Qual é a identidade dele? Os valores dele? O médico deve ser capaz de compreender as crenças do paciente.

Podemos considerar os dezessete objetivos ODS (objetivos de desenvolvimento sustentável) da Agenda 2030, tais como: acabar com a pobreza; fome zero e alcançar segurança; promover bem-estar a todos; educação inclusiva; igualdade de gênero e empoderamento das mulheres e meninas; gestão sustentável; energia para todos; crescimento econômico, sustentável e inclusivo; industrialização inclusiva, sustentável e fomentando inovação; reduzir diferença entre os países; tornar as cidades inclusivas, resilientes e sustentáveis para todos; produção de consumo sustentável; tomar medidas para preservar o clima; conservação dos oceanos; preservar os recursos terrestres e florestas; paz, justiça e instituições eficazes para todos, fortalecimento do meio ambiente e desenvolvimento sustentável global.

Os ODS foram instituídos pela Organização das Nações Unidas (ONU) como um apelo universal.

Além disso, devemos entender que muitas pessoas estão infelizes com seus relacionamentos.

Segundo *Can we be happier? Evidence and Ethics*, Richard Layard, *Measuring the Subjective Well-Being of Nations*, edited by Alan B Kruger, 2020.

> **Com o chefe:** 45% dos homens são infelizes, 30% das mulheres.
>
> **Com os colegas:** 24% dos homens são infelizes, 28% das mulheres.
>
> **Quando sozinho(a):** 17% dos homens são infelizes, 23% das mulheres.

Com marido/esposa: 15% dos homens são infelizes, 14% das mulheres.

Com amigos: 12% dos homens são infelizes, 13% das mulheres.

Com filhos (as): 10% dos homens são infelizes, 17% das mulheres.

Com pais: 6% dos homens são infelizes, 28% das mulheres.

Newgotiation, nosso modelo de negociação, visa reencantar a arte do prazer do debate, a franqueza amistosa, achar um sentido no que você faz, com propósito respeito ao outro e ética. Assim, Simon Sinek, no livro *Start with Why*, com vídeo TED, explica a importância de encontrar a razão de ser, o sentido para resolver problemas da sociedade, a contribuição para um mundo melhor, o nosso papel como transformador para um ambiente melhor e mais sustentável. E não trabalhar apenas para ganhar dinheiro ou ter um cargo ou reconhecimento, isto é consequência.

Na etapa de criação de valor, deve-se privilegiar a análise da situação e das pessoas, ser afável, partilhar preocupações, sugerir soluções, respeitar as diferenças, dar espaço aos outros e elogiar. O elogio derruba barreiras e faz com que a outra parte fique mais aberta a ouvi-lo e a barganhar no ganha/ganha (Susskind e Movius, 2009).

Durante a etapa da distribuição de valor, as tensões costumam ser maiores e mais intensas, desgastando bastante o relacionamento e alterando o comportamento dos participantes. Deve-se cuidar do relacionamento nesta fase para ser cooperativo e competitivo ao mesmo tempo. Também entender que uma empresa não é uma família, você não demite o seu filho, não demite um membro da família. Veja uma pessoa da empresa, sim, como um colega de trabalho, que não é necessariamente um amigo ou um "irmão", e encontre a justa distância, o justo carinho, justo cuidado, para manter um relacionamento respeitoso e agradável. Não é preciso ser sentimental, não fazer assédio moral, psicológico ou sexual, e achar o relacionamento que não se torne tóxico. A chave do sucesso de bons profissionais é ter temperança, moderação, a justa dose de objetividade e de subjetividade, não fazer o paciente se sentir um qualquer na relação, mostrar que se preocupa, que se importa, por exemplo, mas também que ele não é um filho e, muitas vezes, esta distância amistosa ajuda-o na hora de ajudá-lo e na hora de tomar decisões assertivas para a saúde dele.

A conclusão dos acordos e a satisfação com os resultados obtidos podem estar diretamente ligadas à qualidade do relacionamento entre as partes, isto sabemos.

Atualmente, nas organizações, há uma redução dos níveis hierárquicos, gestão por projetos, criação de unidades de negócios, organização matricial servidas por sistemas de informação integrados. Nesse contexto, desconcentram-se as informações, amplia-se a rede de relacionamento, exige-se negociações entre diversas áreas. Todos esses fatores colaboram para a ampliação dos conflitos.

Para manter o equilíbrio no relacionamento, sugerimos:

- ▶ Crie confiança com palavras e atos em harmonia. Não assuma compromissos que não possa cumprir;

reconheça e respeite os interesses fundamentais da outra parte.
- ▶ Comunique seus interesses, recursos e preocupações às outras partes.
- ▶ Reconheça e enfrente rapidamente os erros que são inevitáveis.
- ▶ Solicite um *feedback* da sua equipe. Não suponha o que a outra parte esteja pensando, tome a iniciativa de trazer o problema à tona. Pergunte: "Tudo está acontecendo conforme o esperado? Algum problema com o paciente? Algum problema com o pedido feito? Alguma dificuldade com o prazo? Posso ajudar em alguma coisa?"

Segundo Hal Movius (2017), o indivíduo confiante poderá melhorar e acelerar os resultados de uma negociação. O autor define as características de indivíduos confiantes e não confiantes, da seguinte maneira.

Veja a seguir:

O que significa ser confiante?

Confiante	Não-confiante
Engajado	Desviante
Calmo e focado	Nervoso e distraído
Claro, transparente	Confuso e ambivalente
Falante: assertivo	Tem medo de falar
Sabe o que fazer	Não tem certeza do que fazer

Monitora a situação	Monitora seus pensamentos e sentimentos
Elabora boas perguntas	Teme fazer perguntas
Otimista: vê possibilidades de bons resultados	Vigilante: não espera bons resultados
Olha para frente buscando aprender com a interação dos outros	Teme ser dominado e ser explorado pelos outros
Age	Reage

Fonte: Movius, H. Resolve. 2017 (p. 11)

A Profa. Amy Cuddy (2012), em sua palestra TED, mostra a importância da linguagem corporal e o controle do metabolismo hormonal para profissionais bem-sucedidos, especialmente os líderes. A Profa. Amy Cuddy mostra a importância do sorriso, da empatia, do bem-estar e das emoções positivas. Isso revela a mudança de paradigma apresentado pelo Prof. Martin Seligman na área de psicologia positiva que, por exemplo, apresenta mesas de negociações mais calmas quando o ambiente foi criado, tendo em vista, a ergonomia, salas de reuniões mais encantadoras, lojas ou hospitais com cores mais aconchegantes, ou seja, em locais onde as pessoas experimentam sensações agradáveis. Seria como entregar uma experiência e não apenas um serviço.

O mundo empresarial deve seduzir o cliente externo, o cliente interno, o acionista, a equipe e, para isso, precisa cuidar do relacionamento, das palavras, das atitudes verbais e não verbais. Cada vez mais no setor de saúde, as empresas, inclusive os funcionários públicos, insistem em trabalhar a mentalidade, o modo de se relacionar e de garantir as habilidades de simpatia, integridade moral e elegância moral. A nova forma de negociar, o Newgotiation transforma o estilo de negociar duro, fechado e estressado para dar lugar ao prazer do debate, da franqueza amistosa, da ética, da empatia, da confiança e do relacionamento de longo prazo, buscando negociações duradouras e fidelização. E assim, os resultados das negociações são muito melhores.

Poder

Muitos negociadores usam estratégias de poder como manipulação, influência, para forçar o outro a fazer o que ele quer. O problema é que isso pode levar à tomada de decisão irracional, ou resistências. O livro do Sun Tsu *A Arte da Guerra* e o livro do Robert Cialdini *O poder da influência* falam sobre o assunto, porém, muitas vezes é preciso muito cuidado com a forma que se demonstra o poder, pois muitas vezes o interlocutor pode reagir negativamente e se rebelar, sentir-se manipulado e, assim, não vai seguir as recomendações do negociador, que, no nosso caso, da área da saúde, pode ser o médico prescrevendo uma medicação ou uma conduta pré-operatória, ou pós, ou de mudança de hábitos e comportamentos. O paciente pode ter também, na cabeça dele, uma melhor alternativa que a cura proposta por médico, ou de usar medicina alternativa, outro farmacêutico, amigos, enfim, é preciso firmeza e muito tato na condução de casos como este.

Também uma pesquisa na França mostrou que a ideologia, os valores, as crenças políticas têm impactos nas decisões dos pacientes. Segundo Sud Radio et Cnews, 31% dos membros do partido La France Insoumise/Extrema esquerda têm intenção de se vacinar e 61% não querem. Os membros do Partido Socialista da França 50% querem e 50% não querem. Membros do partido de Emmanuel

Macron, En Marche, 62% querem e 38% não querem. Os do partido de direita Le Republicains, 49% querem e 51% não querem. E apenas 20% dos membros do Partido de Marine Le Pen de extrema direita, Rassemblement Nacional, 20% querem e 80% não querem se vacinar. Assim, fica claro que poderes políticos, valores, influenciadores, redes sociais, diferenças culturais podem influenciar bastante na decisão. E como lidar com isso numa pandemia onde os protocolos de segurança precisam ser adotados para o bem comum da Nação?

Há também o poder psicológico representado por manipulações (ameaças) até mesmo quando há uma aparente falta de poder. O poder não tem valor, a menos que você o utilize para obter uma vantagem. O poder não é negativo, desde que se saiba usar para mostrar segurança, ganhar a confiança da outra parte, e o próprio negociador se sinta seguro com isso, mas que tenha respeito e consideração com a outra parte.

Existem várias táticas de poder:

Táticas de Negociação:

É importante conhecer as diversas táticas utilizadas em muitos processos de negociação, para não ser apanhado de surpresa. Conhecê-las, facilita desarmá-las e neutralizá-las o ajuda a se preparar para o processo. Apresentamos, a seguir, algumas táticas mais utilizadas:

Gentil e o Mau (*Good Cop and Bad Cop*)

Dois agentes conduzem a conversa com um terceiro. Um dos agentes desempenha **o papel de gentil (papel**

do bonzinho), por exemplo, o paciente, educado, compreensivo, buscando empatia com a outra parte e tentando controlar amistosamente o agente agressivo; o outro agente que desempenha o **papel de mau**, sendo agressivo, não conciliador, rígido e muito crítico com o seu par (colega).

O negociador, que faz o papel de mau, abandona a negociação para pressionar, demonstrando desinteresse, na verdade, é uma jogada, de forma que o terceiro fique face a face com o negociador gentil, que aproveita a oportunidade da ausência do agente mau para propor um acordo.

Cortina de Fumaça

Uma das partes esconde o verdadeiro objetivo de seus interesses, não deixa transparecer sua demanda e ainda formula demandas que não tenham relação com o verdadeiro desejo. Pode ser um médico que usa uma linguagem esotérica e hermética para criar uma confusão no paciente, criando uma situação que ele se acha incapaz de decidir. Dessa forma, ele cria uma "nuvem de fumaça", mudando o foco da questão principal para uma questão secundária. Cansa o interlocutor com as questões secundárias e, posteriormente, já no final, apresenta sua real demanda. Depois de já se terem sido aceitas ou rejeitadas algumas questões "secundárias" pela outra parte, lança-se a real demanda fazendo-a parecer como uma concessão, aumentando as chances de aceitação, que se dará por culpa de já ter rejeitado inúmeras questões anteriormente oferecidas, ou por já ter aceitado muitas questões "secundárias", chegando ao momento de conceder à outra parte uma demanda.

Vantagem Futura

Oferta de uma oportunidade futura em troca de uma vantagem imediata, como se fosse trocar algo concreto por promessas de se curar de uma doença. Essa tática não pode ser utilizada em uma perspectiva de médio e longo prazo, pois a reação pode significar abuso de confiança. É necessário se ter o exato conhecimento do que poderá ser afetado.

Desvalorização da Oferta

Uma das partes menospreza a oferta da outra parte, mostrando que não é interessante, mesmo quando comparada com a dos concorrentes.

Para que esta tática seja utilizada será necessário, antes do início da negociação, que uma das partes discorra sobre os defeitos e sobre os problemas do objeto a ser negociado, de forma a depreciá-lo. A outra parte, que detém o objeto, diante da depreciação do mesmo, rejeitará qualquer negociação ou flexibilizará em muito as condições. Há que se ter o cuidado para não ferir a outra parte e deve-se mostrar que a posição não é pessoal.

Pode-se ensaiar um discurso em forma de desinteresse ou de irritação, cujo objetivo é desestabilizar ou instaurar um jogo de forças.

Desvalorização da Pessoa

Coloca-se a outra parte em uma posição de desvantagem, inferiorizada e reprimida com ações tais como: deixar o interlocutor esperando e/ou acomodá-lo em local pequeno e desconfortável e/ou atendê-lo de forma seca e/ou interromper a conversa com ligações "importantes".

Jack, o estripador

Esta tática é utilizada quando se "fatia" uma questão muito grande em questões de pequenas partes, para melhor decidir ou negociar cada fatia individualmente. Se não se consegue resolver o todo, por que não se pode resolver cada uma das partes?

Quando a exigência é cortada em pequenas fatias, as concessões não "chamam atenção", passam despercebidas e, assim, aparentam ser irrelevantes, individualmente.

Ultimatum

Apressar o resultado de uma negociação pode gerar estresse, reduz o tempo para criar opções e valores na negociação: é pegar ou largar. Trata-se de uma técnica bastante autoritária que pode travar o relacionamento.

O *Ultimatum* aparece como um resultado de uma discussão dura e intransigente sobre um ponto chave, porém, não se deve se mostrar ríspido ou agressivo quando se trata de propor um prazo.

Leilão

Publicamos o livro *Barreiras para resolução de conflitos*, com o Prêmio Nobel de Economia em 2020, Robert B. Wilson, que foi inovador em falar sobre o valor dos leilões. O leilão é utilizado, em sua maioria, por grandes empresas para licitações ou vendas de produtos intangíveis. Estas reúnem os fornecedores para ofertarem seus produtos e concorrerem entre si. Uma das formas de leilão mais disputadas é o reverso, quando o "relógio dos valores" é acionado com valores mais altos. O lance é dado parando-se o "relógio" em uma competição de menores preços para o comprador. O comprador tem que saber lidar com a sua ansiedade, pois, ao parar o relógio com um lance, ele paga um valor mais alto do que se tivesse esperado mais um pouco. Por outro lado, esperar pode significar a perda de oportunidade, pois um concorrente poderá "parar o relógio". Sites da internet permitem fazer leilões, comparar preços e pesquisar as melhores ofertas.

Ficar calado

Diante do silêncio prolongado, uma das partes busca preencher o vazio. Há uma enorme dificuldade em se ficar calado, diante do vazio, do silêncio.

Salame

Dividir, "fatiar" um problema maior em pequenos problemas. Muitas vezes, é mais fácil negociar pequenas partes do que negociar um montante mais significativo. As pequenas concessões são menos dolorosas. Por exemplo, numa situação de desgaste do paciente e da família por tratamento para um câncer, propor uma quimioterapia de forma menos agressiva, em pequenas doses e mais sequenciada.

Conformidade Legal

O elemento **conformidade** refere-se à legitimidade dos contratos necessária à viabilização de um acordo, observando-se as leis e a estabilidade dos órgãos reguladores, responsáveis por legislar sobre o assunto e estabelecer regras e um foro de discussão. Qual é a margem de negociação do médico dentro da lei, ou da regulação da Anvisa ou Ordem dos médicos, por exemplo?

A análise da conformidade compreende, para além dos contratos, todo o ambiente no qual a negociação deve ser realizada, a fim de que a implementação e sustentação dos acordos possam ser asseguradas.

As negociações realizadas em ambientes que apresentam baixo grau de conformidade, irão incorporar custos mais altos, associados ao risco assumido e pelas poucas garantias de cumprimento.

Devem ser realizadas ações específicas em consultas à legislação e aos advogados especialistas para verificar a legalidade e as implicações das iniciativas (Duzert, Arrow, Mnookin, Tversky, 2011).

UNIDADE 05

NEUROCIÊNCIA E SOLUÇÕES DE MENTORIA PARA MELHOR PRODUTIVIDADE DE BUSCA DE QUALIDADE DE VIDA E BEM-ESTAR DO NEGOCIADOR NA ÁREA DA SAÚDE

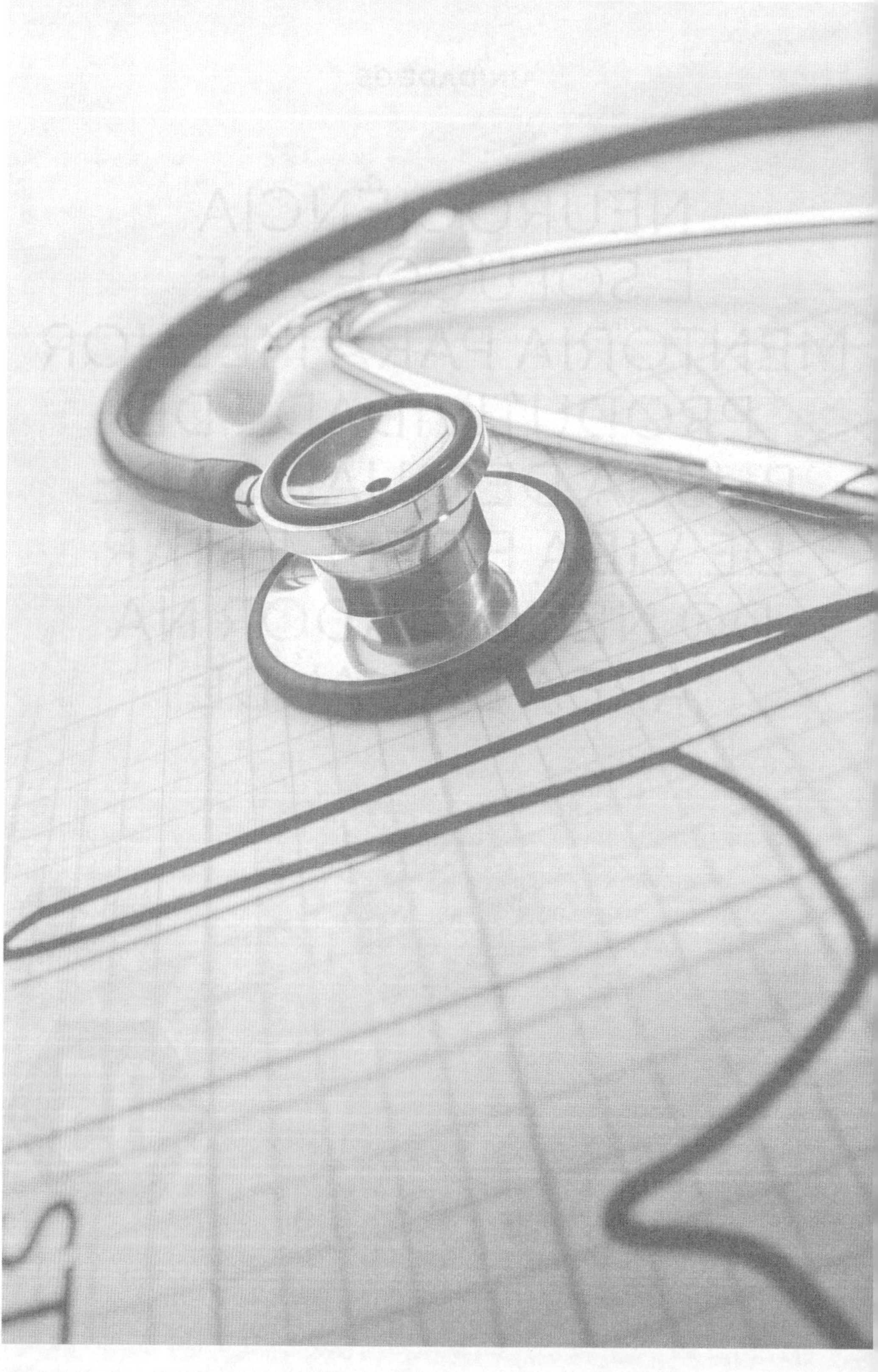

Os profissionais de saúde precisam estar bem para cuidar do outro, seria o: cuidar-se para cuidar! Porém, com a carga de trabalho, a dificuldade em equilibrar suas funções básicas necessárias como alimentação, descanso e sono em horários regulares, o alto nível de responsabilidades em ambientes de trabalho estressantes e a dificuldade em gerenciar suas emoções, o ambiente médico tem apresentado aumento significativo de doenças mentais, Burnout e suicídio (BOND, *et al.*; 2018; CFM, 2014).

Esses dados justificam a preocupação dos autores em direcionar este livro para esta população tão relevante para a saúde e bem-estar de todos nós, já que são eles (as) que cuidam de nós.

Profissionais de saúde, muitas vezes, não cuidam da própria saúde, não usam o conceito de prevenção para eles próprios, apesar de darem essa recomendação para seus pacientes. Em função disso, é bastante importante que possamos fazer um alerta a respeito. Muito estudo, muito trabalho, muita pesquisa, muita dedicação, todos sabemos disso, mas o gerenciamento de tempo é uma das condições para que um profissional que tem uma carga horária pesada de trabalho, consiga tirar um tempo, mesmo que pequeno, para o autocuidado.

E este capítulo, falando sobre *Burnout,* é para ajudar a dar uma chamada no médico (a) que está nos lendo agora: o que e como você, profissional de saúde, está cuidando da sua saúde física e mental?

O esgotamento emocional dos médicos, desgaste com burocracia, administração interna, gerenciamento de pacientes, gerenciamento de famílias, riscos jurídicos, gestão da equipe, dívidas financeiras, impactam diretamente a sua saúde física e mental, podendo levar a sintomas psicossomáticos e até ao *Burnout*.

Burnout é caracterizado por exaustão emocional, despersonalização e falta de realização no trabalho, aquela sensação de que nunca está satisfeito com a tarefa feita e sempre acha que falta alguma coisa, sentindo-se incapaz, o que impacta a segurança e autoestima, é o que chamamos de síndrome do impostor (quando a pessoa nunca acha que deu o seu máximo e que a qualquer momento alguém vai perceber e puxar o seu tapete). Além disso, pode apresentar sintomas físicos, tais como: baixa energia, fadiga, distúrbios do sono, dores musculares, cefaleia, sudorese, palpitações, distúrbios gastrointestinais e transtornos alimentares (BOND, *et al.*, 2018).

Considerando a área da saúde, estudos realizados sobre *Burnout* durante a residência médica revelam resultados alarmantes, que identificaram entre 50% e 74% dos residentes acometidos da síndrome.

Se considerarmos que, para alcançar a felicidade em contextos institucionais, os profissionais devem ter condições de desenvolver suas competências, sejam elas intelectuais (*hard skills*), quanto morais e emocionais (*soft skills*), é fundamental que o indivíduo consiga se manter em harmonia com a sociedade, a organização e seus próprios valores pessoais (SERAFIM, M., 2008). O problema é que estes conceitos algumas vezes vêm em cheque quando não se tem autonomia para decisões emergenciais e necessárias para gerar o sistema, e isso também é um gerador de insegurança e insatisfação.

Além da competência técnica, este profissional precisa primar por cuidados com sua saúde e bem-estar, como alimentação, atividade física regular, horário de descanso, qualidade de sono, relaxamento, equilíbrio emocional e relacionamento interpessoal, o clima organizacional também pode impactar a saúde ou a doença do profissional. Falar sobre isso pode parecer utópico, se considerarmos que a carreira médica demanda mesmo muito esforço e dedicação. A grande questão é se sua máquina (seu corpo) não for bem cuidada, até quando ele vai entregar seu trabalho com qualidade e até quando será saudável para isso!

Em 2019, uma pesquisa foi conduzida pelo Dr. Gustavo Gossich, com orientação da Profa. Dra. Nazareth Ribeiro, para o trabalho de conclusão do MBA em Gestão de Saúde, com o objetivo de avaliar o nível de satisfação e o grau de felicidade em médicos residentes de anestesiologia de dois hospitais federais, localizados no estado do Rio de Janeiro.

Para ajudar a fazer esse alerta aos médicos, vamos apresentar alguns dos resultados dessa pesquisa, com a autorização do Dr. Gustavo, e a identidade dos médicos residentes respondentes da pesquisa será preservada.

A pesquisa foi feita no final de 2019, portanto é bastante recente. Foram 36 participantes, todos profissionais da saúde, onde 52,8 % eram homens e 47,2%, mulheres, 63,9% na idade entre 26 e 30 anos e 16,7 % entre 31 e 35 anos.

Foram 34 respondentes que pontuaram a importância e influência do clima positivo relacionado à qualidade do serviço prestado. O resultado da pesquisa demonstra o sentimento de infelicidade e exaustão dos residentes com a residência médica em andamento, insatisfação com o ambiente educativo e laboral e com a mentoria recebida ao longo da especialização. Isso demonstra a importância de um ambiente organizacional positivo e da relevância de um mentor em quem a equipe confie e se espelhe para que essa pessoa seja referência para a formação dos residentes. O que nos faz crer que o processo de mentoria é importante e que deve ser direcionado por uma pessoa que, além de especialista na área e com prática para conduzir os casos, também precisa ser alguém que agregue o grupo, que tenha uma escuta colaborativa, que motive seu time, que transmita confiança e tranquilidade e que saiba motivar seus mentorandos na busca de desenvolvimento pessoal e profissional.

Segundo o estudo, o Conselho Federal de Medicina aponta a classe médica como a mais afetada pelo suicídio do que o restante da população; estudos estimam que 81,5 % dos residentes do hospital de clínicas de um outro estado do Brasil sejam acometidos pelo *Burnout*, e que a síndrome pode acometer 50% a 74% dos residentes (BOND, *et al.*; 2018). Resultado tal que reflete uma tendência mundial, sendo crescente o número de médicos e residentes expostos ao *Burnout*, abuso de substâncias, transtornos de humor e suicídio (BOND, *et al.*; 2018; CFM, 2014).

Dr. Gustavo, com a mentoria e motivação da Profa. Dra. Nazareth, buscou fazer este trabalho como um alerta e não como crítica a qualquer instituição e, para isso, foi muito importante a colaboração dos entrevistados para a obtenção desses resultados. O resultado sugere a importância do cuidado com a saúde física e emocional dos médicos para que eles continuem produzindo bem e por mais tempo. Esta é uma visão que deve ser absorvida pelo próprio profissional de saúde que tende a ficar sobrecarregado de atribuições e se esquecer que seu corpo é o instrumento de sua condição como médico. Os médicos (as) que responderam a essa pesquisa também afirmaram que consideram que o clima organizacional é importante para a felicidade no trabalho e que quando o clima não é bom, isso vai impactar diretamente a sua rotina, alterando seu humor e o relacionamento com a equipe e com seus usuários.

O que leva a crer que a classe médica está sofrendo pela carga intensa de trabalho, pela responsabilidade que sua tomada de decisão exige, pela baixa remuneração, que é obrigada a fazer plantões muitos extensos e intensos, muitas vezes em mais de uma instituição, sem os insumos necessários para prestar assistência de qualidade, pela instabilidade do cargo e pela dificuldade de relacionamento e comunicação.

O *Burnout* tem a característica de levar a pessoa a ficar muito sensível em sua dinâmica de trabalho, onde só em pensar em um compromisso pode ser um gatilho para sintomas de ansiedade ou depressão e extrema irritabilidade. Muitas vezes, a pessoa está ok em sua vida pessoal e o simples fato de pensar que vai chegar ao trabalho, ou tem uma tarefa para desenvolver e o *deadline* está chegando, ou tem uma reunião, mesmo que seja online, ela já pode desencadear um processo psicossomático, como, sudorese, dores na cabeça, dor no estômago, dores musculares, pressão no peito, sensação de desconforto. Isso se dá porque a pessoa tem receio em sentir de novo a sensação ruim que já sentiu um dia, e essa sensação está registrada em seu cérebro, liberando cortisol e adrenalina nesse processo. Com tudo isso acontecendo sem controle, de forma involuntária, é importante que se busque ajuda profissional para o tratamento medicamentoso, caso necessário, e a mentoria para que essa pessoa desenvolva uma forma de buscar equilíbrio emocional.

O mundo dos negócios é muito competitivo, agressivo e algumas vezes até hostil, e isso demanda que as pessoas estejam preparadas para lidar com todas as adversidades do corporativo. É preciso saber lidar, ser persistente e ter resiliência. Este cenário, dos negócios, contexto este em que está inserido também a área da saúde, apesar de muitos médicos se sentirem ainda incomodados em ver seu serviço, sua assistência como um produto, busca profissionais de alto potencial e controle emocional para o foco em resultados, onde se precisa ter uma desenvoltura diferenciada em suas habilidades e competências, e em função desta exigência por profissionais cada vez mais capacitados, as empresas precisam valorizar e investir em seu capital humano, com a expectativa de reter seus talentos e diminuir a insegurança e insatisfação de sua equipe.

Apesar de sabermos que o medo nos leva a nos proteger e nos leva a buscar controle para sobreviver, o que pode ser positivo, pois nos ajuda a prever e a gerenciar riscos e a nos preparar para a resolução dos problemas a enfrentar, no momento de incertezas e crise, este medo pode nos trazer transtornos emocionais seríssimos, com impactos nocivos à nossa saúde, tais como: ansiedade, depressão, TOC, transtorno bipolar, taquicardia, transtorno do sono, estresse, *Burnout*, TPT (transtorno pós traumático) e, assim, ao invés da pessoa buscar soluções para as adversidades, ela pode paralisar e não conseguir tomar decisões, já que seu cérebro embota e a área pré-frontal responsável por planejamento e tomada de decisões pode entrar em desequilíbrio, levando a uma reação emocional desproporcional, prejudicando a tomada de decisão acertada no momento.

É uma reação que acontece muito mais do que temos consciência, por isso a importância do negociador aprender a lidar e gerenciar não só os processos da empresa, mas também suas emoções.

A pandemia trouxe muito medo, insegurança, perdas, ansiedade, tristeza! Pesquisas recentes mostram o impacto que tudo isso traz para o cérebro. A boa notícia é que é possível treinar o cérebro para desenvolver habilidades *(soft* e *hard skills)*. Este é um recurso utilizado com a tecnologia do *biofeedback*, técnica não invasiva e indolor, que mapeia o padrão de ondas cerebrais e, a partir de um protocolo criado para cada pessoa, o aparato é utilizado pelo profissional técnico para treinar e ensinar o cérebro a funcionar de forma diferente, ajudando a alcançar maior controle sobre suas funções cognitivas e emocionais.

Como não há previsibilidade durante a crise, o cérebro vive uma incerteza que pode causar ansiedade, inquietude, medo e instabilidade emocional. Considerando que o cérebro trabalha por padrões aprendidos com as experiências vividas, com estabilidade, é preciso considerar que, durante a crise, sem previsibilidade, vivendo uma luta acirrada para buscar alternativas e soluções sem resposta, ele tende a desistir, a entrar em exaustão, o que pode levar a sintomas de ansiedade e de depressão, onde a crise entra e nos tira totalmente do nosso ambiente, onde não existem insumos necessários para o gestor de saúde, onde o desconhecimento em relação à doença no início da pandemia e mesmo um ano depois, aos protocolos para seu cuidado, aos locais de assistência, a profissionais de saúde sem qualificação necessária para tratar o seu paciente, não por não serem competentes, mas por estarem vivendo uma situação sem precedentes, onde a ciência está tendo um papel fundamental e imprescindível neste momento, mas é preciso tempo para as pesquisas avançarem e para termos a vacina para todos, o que é a expectativa de todos nós, por dias melhores, inclusive no pós-pandemia.

Esse estresse constante submete a população mundial a um estado de alerta crônico, com toda a insegurança que este momento gera, o que pode afetar o funcionamento cerebral e o sistema imunológico. As consequências deste alto nível de estresse por tempo prolongado afetam certamente o equilíbrio cerebral e podem desencadear muitos transtornos, tanto emocionais como sociais.

A memória de trabalho, por exemplo, a capacidade de armazenar informações e utilizá-las *a posteriori*, utilizando sua memória operacional, é muito importante para uma boa performance laboral. E é possível utilizar atividades como jogos e tarefas direcionadas para treinar seus circuitos neurais responsáveis pela memória, potencializando assim suas competências executivas cognitivas.

O estudo do funcionamento cerebral, das funções cognitivas, a neurociência, podem inclusive minimizar problemas de memória e armazenamento.

A memória de trabalho é requisitada o tempo todo num processo de aprendizado, por isto a importância do foco em suas ações, e então, sistematizar suas funções diárias para que você consiga com intencionalidade se engajar nelas e com isso, ganhar competências, potencializar e estimular sua área cognitiva, provocando seu desenvolvimento. As atividades cognitivas tiram seus neurônios da zona de conforto e podem funcionar como treinamento, desde que bem direcionadas. O ideal é ter um profissional especialista que oriente esses treinos.

Com todo o excesso de informação e uso de tecnologia, que vivemos durante a pandemia, levam a uma sobrecarga do sistema emocional devido a todas as tomadas de decisão que precisamos tomar, inclusive para nossa sobrevivência, já que a ameaça que vivemos constantemente sobre nosso funcionamento básico durante este período. O foco atencional ativa diretamente nosso sistema emocional, o que pode prejudicar a sobrecarga da memória de trabalho.

Resumindo, numa demanda emocional, fazer conexões com a memória de trabalho pode prejudicar nossa performance. Por isto a importância de trabalharmos o nosso gerenciamento emocional.

Automatizar alguns padrões de comportamentos pode ajudar a registrar uma melhor proficiência no cérebro para que se tenha melhor performance nessa tarefa, já que foi criado um aprendizado por repetição. Desenvolver proficiência pode ser feita por treinamento, como fazemos quando aprendemos a andar de bicicleta, por exemplo.

Pensando nesta direção, a maneira como fazemos a visão emocional do espaço, do ambiente organizacional, dos relacionamentos, vai fazer diferença em como nosso cérebro faz a leitura de cada momento vivenciado, que sensação vamos sentir e vamos emitir para as pessoas.

Isto quer dizer que não se deve desistir diante dos desafios, é preciso perseverar, e quanto mais vezes executamos tal tarefa, melhor será a execução e, consequentemente, mais seguros estaremos nesta função.

O líder é aquele que precisa demonstrar segurança e habilidade. Nem sempre será aquele que sabe desempenhar todas as funções da empresa, mas ele precisa entender o sistema e saber o que esperar de cada um do seu time. Ele precisa liderar por exemplo, ou seja, se ele deseja que o seu colaborador assuma uma postura proativa, ele precisa mostrar sua confiança e usar o seu poder de envolvimento, de motivação, de escuta, empatia e colaboração para alcançar engajamento de todos. Inspirar as pessoas é essencial para que cada um do time sinta-se fazendo parte da engrenagem.

Importante pensar na dinâmica que está por trás das tomadas de decisão, que traz conhecimento sobre como a neurociência pode agregar para as relações humanas, e não para complicar, e sim buscar soluções.

Nosso sistema atencional depende dos estímulos que recebemos para manter a consciência no processo, manter a atenção no processo é importante para alinhar nossas atividades com coerência.

Nas aulas no Zoom, por exemplo, o nosso sistema atencional está totalmente focado especificamente naquele foco, no conteúdo dentro da caixa, no quadradinho de cada um, o que pode trazer uma demanda atencional muito grande e causar uma extrema fadiga, por levar o cérebro a uma exaustão não antes vivenciada numa situação como esta.

Se formos considerar a escuta colaborativa, por exemplo, é bem diferente de simplesmente ouvir a informação. Escutar demanda o processamento cerebral da informação, que exige uma atenção maior e que mostra ao outro, ao nosso interlocutor, que temos consideração com o que ela está falando. Em negociação, é um dos indicadores mais importantes, já que sem escuta não se chega ao *win-win*, não existe conexão e nem sinergia.

Além disso, o ambiente de incerteza causa um impacto na amígdala cerebral, parte que antecipa decisões e prepara o cérebro para decisões, o que pode levar a um nível tal de estresse, causando o estresse pós-traumático (TPT).

Todo esse estresse eleva o nível do hormônio cortisol que pode elevar a irritabilidade e diminuir a empatia, equilíbrio, levando a uma exaustão emocional, o que pode levar a um impacto negativo na hora de uma decisão e reflexão sobre as estratégias a tomar e que pode impactar o humor, acarretando uma irritabilidade em excesso, causando prejuízo nas relações e na qualidade de vida e bem-estar, consequentemente na qualidade de entrega dos serviços prestados.

Pensar estrategicamente é pensar na perspectiva de um sucesso posterior e na resolução de problemas, onde é possível deslocar a atenção e os recursos que se tem e criar outros para preservar sua economia, seus relacionamentos e sua saúde! Isto é um pensamento estratégico! Mas como pensar de modo estratégico se suas funções essenciais para este planejamento estão comprometidas? Estamos considerando este momento de crise da pandemia, pois isto nos pegou no meio deste nosso projeto deste livro, e é impossível não considerarmos este contexto, mas sabemos que tudo isso já acontecia antes e provavelmente acontecerá muito quando a pandemia passar.

É preciso ter senso de antecedência, saber fazer gestão de riscos, conhecer o cenário, pensar no que pode acontecer e então se preparar!

Pense em sua postura corporal neste momento, você provavelmente se remexeu enquanto leu esta frase. O nosso cérebro está configurado para fazer esta leitura, então fique atento a isto, especialmente se você estiver num momento de negociar algo. Porém, saiba que nosso interlocutor também fará esta leitura.

Por exemplo, se estamos tensos e inseguros para uma negociação, nós enviamos uma descarga de hormônios do estresse, e assim sendo, sua fisiologia mostra que você está inseguro e isto certamente vai enviar ao seu cérebro uma mensagem de insegurança e medo, o que pode impactar negativamente sua abordagem durante uma negociação, por isso é muito importante que você busque estratégias para se manter equilibrado emocionalmente.

É claro que, tratando-se de pandemia, ninguém sabia o que aconteceria, não foi possível prever. O negociador que sabe se posicionar precisou olhar adiante, pensar coletivamente, de forma a decidir de forma ágil, entendendo que nosso cérebro reconhece que quanto mais repertório nós temos melhor atuamos. Isto pode ser o reflexo de experiências vivenciadas.

Atitudes críticas de crise não levam a nada, como negativismo, má fé ou histeria; num momento como este, o equilíbrio emocional, aliado ao conhecimento, técnica e prática são condição para um bom negociador, especialmente em momentos difíceis.

A crise é real, não se pode negar, mas o que vamos fazer para nos preparar para lidar com toda a mudança que certamente virá no pós-pandemia?

Nosso cérebro adora repetir padrões, hábitos, e estamos precisando durante a crise mudar nossos padrões aos quais nos acostumamos. Todo nosso ritual cotidiano está alterado, e nosso pensamento piramidal, repetitivo, automático, e isso nos dá segurança, mas agora estamos tendo a necessidade de mudar todos os padrões conhecidos, e isso também nos causa dor. É como reaprender a viver numa situação atípica, desconhecida e com resultados imprevisíveis.

Todos sentimos medo e insegurança neste momento de pandemia. O grande desafio é agir apesar do medo, é transformar este sentimento e buscar soluções, ser otimista e criar alternativas viáveis e sustentáveis, superando as adversidades. É preciso refletir sobre as dificuldades de forma estratégica.

Temos medo a todo momento, e isto nos move em direção a resolução, a atitude. Por um lado, o medo nos protege e nos ajuda a gerenciar riscos, e, por outro, nos coloca em ação e nos ajuda a refletir sobre que estratégias são as melhores a serem tomadas para cada desafio, e num momento crítico de crise como a pandemia, nos move para viver, crescer, amadurecer e em alguns momentos, até sobreviver!

Aprendemos muito nas dificuldades, isto todos nós sabemos! Tornamo-nos uma melhor pessoa, um melhor profissional, desde que saibamos que a vida tem custos, que os desafios existem para serem vencidos e que nos reinventamos a cada momento! Um gestor na área da saúde sabe que terá desafios o tempo todo! E um bom gestor é aquele que consegue se preparar para as adversidades da crise e buscar alternativas para continuar.

E se o medo for muito grande, pense se você não precisa buscar um profissional e trabalhar este medo e toda a insegurança e incerteza que ele o traz! Aí, entra o papel do mentor, aquele que abre a reflexão para possíveis decisões, para possíveis estratégias e traça objetivos para que você vá atrás dos seus projetos.

Considerando que a cada momento mais formação e capacitação é exigida para que se posicione bem no mercado, pense, o que você está fazendo neste momento para se qualificar mais, para se diferenciar, para ser essencial na retomada?

Combinar formações, investir em Educação, buscar um mentor que possa ajudar a direcionar sua carreira, é uma boa estratégia para continuar se preparando, a questão é que não se pode parar de buscar informação nunca! É preciso estudar sempre e ter capacidade de gerenciar estas informações e o poder de colocá-las na prática.

Atitude é primordial! O tempo e a informação nos dão poder, desde que saibamos como lidar com todo este conteúdo.

Se você é um gestor, um estrategista, ou deseja ser, você precisa investir sempre em informação, está disponível para apreender conteúdo, relacionamento, *networking*, transformando dificuldades a seu favor!

Estamos num momento em que a inovação, a tecnologia, está invadindo nossas vidas, na área pessoal e profissional, que novidades estão surgindo a todo momento, e como vamos lidar com isto? Vamos reclamar ou vamos buscar aprender e nos adaptar?

Durante a pandemia, tivemos uma overdose de informação, sendo elas boas e ruins, reais ou fake news, filtrar as boas e agregar valor com elas em sua formação é a grande sacada! Várias ideias vão constituir um sistema de informação, que, com resiliência, vamos transformar em algo produtivo, que agregue valor à sua vida!

As contingências de uma crise precisam ser consideradas e gerenciadas, reclamar e não sair do lugar não adianta e nem leva a nada. Ser a hiena do desenho animado infantil e ficar se lamentando e dizendo: "Oh, vida, oh, dor!" não é saída para nada! Vamos precisar nos adaptar e buscar formas de lidar com todas as perdas que todos nós teremos com a crise, sejam elas econômicas, sociais, acadêmicas, relacionais.

Além de tudo isso, é um momento de resiliência e empatia; a pandemia nos jogou na cara toda a desigualdade social, que já sabíamos que existia, mas que não precisávamos lidar de tão perto, então pode ser que toda esta crise nos traga uma coisa boa: a solidariedade!

Pense em qual é o seu projeto de vida, qual o seu propósito, qual seu plano de ação para alcançar esse projeto? A todo momento, você pode revisitar esse projeto e renová-lo, principalmente num momento de crise em que precisamos mudar todo nosso *mindset* e buscar formas mais resilientes de lidar com todas essas adversidades. Precisamos aprender com as dificuldades, com as incertezas, com a escassez. Se a crise não lhe ensinar nenhuma estratégia, você vai precisar rever sua capacidade de leitura do cenário. A capacidade de adaptação é que nos faz encontrar soluções em momentos de crise.

Estamos falando sobre inteligências múltiplas, onde a inteligência acadêmica não é mais a única condição para a busca da felicidade e do sucesso. A inteligência emocional é aquela em que você tem a capacidade de identificar suas emoções e gerenciá-las, e ainda identificar as emoções do seu time, das suas relações e do seu interlocutor, ganhando uma enorme vantagem competitiva com esta competência, pois ela o ajuda a tomar decisões mais inteligentes e estratégicas, onde o autoconhecimento é o primeiro passo para buscar autocontrole e lidar bem com o estresse, restaurando suas emoções e mostrando equilíbrio, com capacidade permanente de autogestão comportamental e emocional. Podemos dizer que este é o perfil do profissional pós-pandemia, uma das grandes habilidades hoje valorizadas no contexto organizacional. A inteligência emocional pode ser inata ou aprendida por meio de treinamento cognitivo, exercícios de relaxamento, cursos de desenvolvimento de competências, livros, enfim, buscar aprendizado que nos fortaleça emocionalmente, o que certamente vai desenvolver os *soft skills*, o que vai impactar positivamente em nossas decisões e negociações, e nos levará a um perfil do Newgotiator.

Estar aberto a ouvir um mentor, um profissional que mostre um caminho para dar um *up* em sua carreira é muito bem-vindo! Ser humilde, estar aberto a apreender informação, postura, conteúdo!

Já que apenas nós mesmos podemos escolher nossa trajetória, apenas nós vamos escolher certo ou errado, então vamos abrir um caminho para escolhas certas e estratégicas e vamos rumo à felicidade!

Atitude, criatividade, negociação, tomada de decisão, flexibilidade, adaptabilidade, gestão de tarefas, gestão do tempo, governança colaborativa, empatia, inteligência emocional, resiliência, humildade, relacionamento interpessoal, generosidade, solidariedade, determinação, persistência, propósito, inovação e autonomia, estas são capacidades que podem nos ajudar a evoluir e nos desenvolver em busca ao sucesso pessoal e profissional! Para isso, é preciso ter uma antena ligada às oportunidades, a ouvir as dicas, a apreender conteúdo e sintetizar todas as competências para solução de dilemas!

Considerando que competências são o conjunto de conhecimentos, habilidades e atitudes, podemos considerar que vamos desenvolvendo nossas competências com nossas experiências e desenvolvimento contínuo, por isso não paramos de nos construir, inclusive nossos limites precisam ser revisitados e minimizados.

Pense, quais são seus padrões de comportamento? Você identifica rituais negativos, nocivos à sua qualidade de vida e bem-estar? Aqueles hábitos que você criou e repete no automático, pense e faça uma lista! Você pode transformar sua maneira de reagir aos estímulos, sendo mais resiliente e positivo! Sabe como fazer? Não é mágica, é trabalho, investimento em suas escolhas e suas tomadas de decisão! Busque programar seu cérebro para escolhas positivas, reveja conceitos, saia da inércia!

Usando os conceitos da neurociência para o conhecimento do cérebro, sabemos que o funcionamento por padrões aprendidos nos leva a repetir conceitos negativos e atividades tóxicas ao nosso crescimento; então, entendendo isso, podemos reprogramar esses padrões para que as próximas escolhas possam ser mais positivas e proativas. Quando você se coloca numa posição de tomador de decisões, você precisa tomar consciência desses padrões para você repetir e não cair nas armadilhas que você mesmo se impõe.

Os conhecimentos da neurociência vêm sendo utilizados por profissionais que oferecem treinamentos de equipe, como nós fazemos, para conhecer os processos cerebrais que podem ser treinados na busca de desenvolvimento de habilidades e minimização de sintomas adversos que podem ser decorrentes de cansaço e estresse.

A neurociência nos ajuda a conhecer a dinâmica das estruturas neuronais e como elas se comportam, para então entender o cérebro e seu funcionamento. Conhecer as partes nos ajuda a entender melhor o sistema mais complexo.

Quando, por exemplo, consegue-se relacionar o esforço físico com a recompensa oferecida pelo cérebro com a frequência regular da atividade física, investindo tempo de dedicação como recurso para o bem-estar físico e mental a ser alcançado, fica mais fácil relacionar e entender a importância do aprendizado técnico e da prática na busca da excelência. Assim sendo, é possível relacionar como se pode buscar equilíbrio para que o corpo (aqui, considerando o corpo como um todo, consideramos o cérebro) não entre em colapso e, consequentemente, entre em *Burnout*.

A perspectiva da inteligência emocional hoje está muito no sentido de ter a habilidade de controlar seus estímulos para buscar um maior equilíbrio. O contato social que é muito importante para todos nós, e durante a pandemia, fomos privados desse convívio, está certamente trazendo marcas emocionais para todos. E vamos ter que conviver com este registro que vai ficar em nosso cérebro e, sabendo disso, buscar estratégias para minimizar este impacto.

A neurociência pode ser usada como recurso para o desenvolvimento emocional para ajudar a pessoa a aprender a lidar melhor com suas emoções, com seu nível de estresse para então se relacionar melhor com a pressão, buscando melhor equilíbrio em suas ações, seu estado emocional e, consequentemente, atingindo melhores resultados.

A aplicação da neurociência no ambiente corporativo pode auxiliar no desenvolvimento de vários indicadores, inclusive da comunicação, da condição de se relacionar com a equipe e com seus usuários, dentre muitas outras, sejam elas *hard* ou *soft skills* (DUZERT, SPINOLAN & BRANDÃO, 2009).

O eletroencefalograma pode ser usado pelo profissional habilitado para trabalhar a atividade cerebral no sentido de desenvolver habilidades com sincronia cerebral a partir do reconhecimento de padrões de ondas cerebrais.

Parece uma conversa utópica, mas é uma realidade. É ciência!

É preciso estudar sobre pessoas para liderar pessoas, conhecer sua perspectiva sob o olhar da ciência e da prática.

Pode parecer muito complexo falar em como conhecer os processos de funcionamento cerebral podem ajudar a um *Health Newgotiator* no preparo para seu melhor posicionamento em processos de negociação, porém, contratar para o serviço de mentoria um profissional de saúde, seja ele (a) psicólogo ou psiquiatra, um mentor que domine estes conceitos e os alinhe com os processos da metodologia Newgotiation seria estar em contato com um profissional capaz de fazer uma análise vertical do perfil da pessoa ou de sua empresa e, então, fazer o diagnóstico, perceber suas demandas, suas dificuldades, seus limites, seus concorrentes e seus cooperados e identificar que competências precisam ser desenvolvidas para obter melhor resultado, e as competências positivas que o mentorando já possua e, então, alinhar suas atitudes e controle emocional na direção de melhores soluções. Esse é o melhor caminho para se cuidar do problema, não focar no dilema, e sim na solução.

Este profissional vai criar um ambiente de mudança para que o cliente, o profissional de saúde que ele (a) está atendendo consiga se sentir motivado para crescer! Onde a colaboração é o melhor caminho para o desenvolvimento do gestor/negociador e do seu time, com qualidade da performance e do serviço, atendendo assim, a expectativa do usuário e do mercado, encantando seu cliente, mas também privilegiando o capital humano da empresa. O profissional, aquele que vai cuidar diretamente do usuário na assistência, ou que vai cuidar e gerenciar uma de unidade de saúde, precisa estar saudável, física e emocionalmente.

O que nos faz entender que escolher um mentor experiente e com formação adequada é condição para orientar seu mentorando, com humildade para ouvir, diagnosticar e então traçar as melhores estratégias de cuidado e resolução de problemas (Duzert, Susskind, Lempereur 2009).

Formar negociadores profissionais, *Newgotiators*, é levar o profissional de saúde a sentar no lugar de ver o sistema como um todo e saber decidir! Buscar a melhor estratégia de forma ágil e segura, buscando sustentabilidade do sistema e entregando o melhor valor e qualidade do serviço, este é o foco nos resultados que desejamos!

Considerando o modelo de negociação Newgotiation, o paradigma da negociação moderna está alicerçado no triângulo identidade, interesses e cognição. Dessa forma, devemos considerar que os negociadores devem conhecer uns aos outros, suas culturas, buscar interesses em comum, afinidades e então estabelecer uma base de confiança e respeito como ponto de partida; os negociadores precisam alinhar suas percepções, buscando compreender o problema, interpretar o posicionamento das partes envolvidas, eliminando os possíveis ruídos, obtendo assim uma maior clareza do contexto e mapeando o conflito existente, na busca de melhor solução para todas as partes. Se acontecer, assim teremos uma negociação *win-win*, o que é o melhor resultado para todos.

Os neurônios podem ser turbinados se estimulados, isto já sabemos e, considerando assim, é importante que se mantenha o cérebro ativo para manter suas redes neurais saudáveis. É claro que é preciso buscar uma qualidade de vida saudável como um todo, investindo em atividade física, alimentação e fazendo exames clínicos regulares para buscar um equilíbrio em termos gerais.

Considerando que um profissional de saúde numa posição de gestão vive em constante nível de estresse devido a toda complexidade que essa posição requer, e que o estresse eleva os níveis de hormônios como cortisol, adrenalina e noradrenalina, que são liberados durante o processo de aceleração dos pensamentos para constante e urgentes tomadas de decisão, que podem inclusive trazer o risco de hipertensão e arritmias cardíacas, dentre outros doenças psicossomáticas. Entendendo que hormônios como o cortisol, por exemplo, elevam o nível de estresse, o que em larga escala e com frequência pode ser danoso à saúde, porém, em níveis adequados, pode ser bastante positivo para impulsionar o indivíduo para a tomada de decisão. O grande desafio é treinar pessoas que não podem se livrar das demandas cotidianas a se preparar para retomar o equilíbrio (*self control*) para que esse estresse não o contamine e não prejudique sua saúde.

A mentoria neste nível funciona como um treinamento para ressignificar o *mindset* do cliente, buscando minimizar crenças e valores limitantes e por outro lado, desenvolver habilidades gerenciais, técnicas e emocionais.

Impossível falar sobre liderança e negociação sem considerar a importância do equilíbrio emocional para o gestor, lidar com suas emoções e dos seus colaboradores, seu time, seus usuários do sistema, especialmente se consideramos o profissional da área da saúde.

Neste momento de pandemia, todos nós estamos com algum grau de sofrimento, de desequilíbrio, ninguém vai estar bem de verdade, que logicamente impacta a nossa produção, nossa rotina de trabalho e nossa saúde física e mental; por isso, é muito importante que se busque um controle e um equilíbrio saudável, e o quanto você é resiliente pode ajudá-lo a lidar melhor com todo este cenário. Especialmente, o profissional de saúde precisa tomar decisões o tempo todo, e decisões que impactam a qualidade de vida de outras pessoas, suas decisões mexem diretamente na base da Pirâmide de Maslow, que se refere às necessidades básicas do ser humano. E quanto mais tempo o indivíduo se mantiver neste estresse emocional, mas ele pode apresentar riscos de sequestro emocional.

O líder/gestor precisa incentivar a inteligência coletiva em sua equipe para estimular soluções, não focar no problema, e sim na resolução dele, buscando estratégias otimizadas para o resultado e buscando valorizar a saúde do capital humano da empresa, já que é claro que uma pessoa saudável produz mais, melhor e por mais tempo!

O pós-Covid vai trazer muitas mudanças, inclusive no ato de ouvir e perceber o outro! E toda esta mudança precisa de suporte e novos aprendizados para acontecer. Vivemos um processo de aceleração de amadurecimento moral e emocional das pessoas e empresas, onde vai ganhar visibilidade quem for mais transparente e buscar a sustentabilidade dos processos e resultados, mas também das pessoas.

Sabemos que, para quem tem família e filhos, o *home office* se tornou uma tripla jornada, no mesmo ambiente, o que pode dar a sensação de que não se tem um princípio e fim das tarefas, não se para nunca. Na verdade, não é apenas a sensação, pois cada hora estamos resolvendo algo diferente, estamos sentados no computador trabalhando, lembramos de fazer ou pedir comida, os filhos pedem atenção, também estão estudando em casa, e todos no computador, e a preocupação com o acesso à internet, e o pedido do supermercado vai chegar, e é preciso higienizar tudo, e para-se uma tarefa e engata na outra e na outra. Isto está levando a uma exaustão física e emocional, que certamente impactará a saúde de todos nós.

Como dificilmente essa rotina vai mudar, pelo menos não por um bom tempo, precisamos aprender formas para evitar a sobrecarga e cuidar da nossa saúde física e mental. Precisamos ter pausas, mesmo estando em casa, buscar uma alimentação mais leve, já que não estamos nos exercitando como deveríamos, e buscar formas simples de nos reconectar com nós mesmos. Um exercício simples para isso é a respiração consciente: respire, inspire lentamente, sinta o ar entrar e em seguida, solte o ar mais lentamente ainda, tendo consciência deste ato. Isto, como um treino, todos os dias o ajudará a se manter focado e relaxado. É uma prática simples, porém já comprovada cientificamente com resultados conclusivos e amostragem significativa. Além de relaxar, potencializa seu sistema nervoso central, ajudando a regular suas funções. Experimente!

Conclusão

Caro leitor, enquanto produzimos este livro muita coisa aconteceu! Acontecimentos que mexeram com o mundo de modo geral! Uma pandemia!

O cenário da saúde e seus protagonistas, os profissionais de saúde, que é o nosso tema principal neste livro, foi talvez o mais impactado pela pandemia da Covid-19.

Os profissionais da área da saúde, que sempre buscam tomar decisões baseadas em evidência, que usam a ciência como referência para criar protocolos de atendimentos, seja na assistência ou mesmo na gestão seguindo processos, ficaram totalmente sem chão, saíram da zona de conforto.

Quando este livro for lido, possivelmente muita coisa terá mudado, as coisas estão mudando rápido neste momento pois estamos passando por um plano de contingência emergencial.

As vacinas chegaram, mas nem todos foram vacinados e até isso está se apresentando um grande impasse nas negociações ao redor do mundo.

Nossa proposta ao longo deste livro é apresentar o modelo Newgotiation, que está baseado na confiança e na eficácia, sobre as quais repousam a elegância moral, a governança colaborativa, onde a obtenção do ganho mútuo forma a identidade do negociador moderno, como um método prático para preparar e treinar o gestor em saúde, o Newgotiator, aquele que vai negociar com seu sistema de saúde, seu time, seus pacientes usuários do seu sistema, sua família e até mesmo com ele próprio, considerando que o paradigma da negociação moderna está alicerçado no triângulo identidade, interesses e cognição, como descrito neste livro.

Este livro vem mostrando a importância de definir missão, visão, valores e processos, o que é a razão de ser do seu trabalho como um negociador na área da saúde, com toda a complexidade que esse lugar demanda. Se considerarmos um breve *overview*, durante anos, a negociação foi vista como a *Arte da Guerra* com Sun Tsu, ou *Art of the Deal*. Durante os anos 80, o método de *Harvard*, com William Ury, foi ensinado como negociação baseado em interesses. Mais recentemente, a Newgotiation, a metodologia usada pelos autores deste livro, vem sugerindo trabalhar mais elementos num processo de negociação para melhor estruturar os processos e ajudar ao negociador a se preparar melhor, a ter mais segurança e melhor posicionamento durante o processo de negociação (Lempereur, Colson, Duzert, 2009), um estilo com elegância moral (de comunicação empática e colaborativa), porém com firmeza e informação embasada, com valores como da ONU, com Agenda 2030.

Não adianta negociar se não definir o sentido, o propósito, sem respeitar as diferenças e cada identidade. Segundo o Carnegie Institute of Technology, 85% do seu sucesso na sua carreira depende de *soft skills* (habilidades como comunicação, relacionamento interpessoal, gestão das emoções, tomada de decisão, liderança) e, apenas 15% do seu sucesso vem dos *hard skills* (conhecimento técnico, no caso aqui em medicina, em administração, processos, gestão de pessoas,...). Por isso, sabendo a importância da gestão da identidade, dos valores e então a confiança é o aspecto central da negociação. Como se escuta o paciente, ou outro interlocutor, como se identifica uma falha na comunicação, com resiliência e empatia. A base da negociação vem da capacidade de construir um porquê, um sentido compartilhado, interesses em comum, concordar com a razão de ser. Depois deste *rapport* inicial, tem-se a capacidade de trabalhar os dez elementos e quatro etapas do modelo de Newgotiation para então conduzir com profissionalismo um acordo consensual. Essa conduta assertiva inclusive pode levar a uma diminuição na judicialização, tão enfrentada no contexto da saúde atualmente, é pontuada em um dos capítulos deste livro.

Um outro aspecto visto neste livro foi a necessidade de se estabelecer uma governança colaborativa, cooperação *cross-setorial*, quebrar os ovos para fazer uma omelete, como se diz popularmente, quebrando os silos da organização, proporcionando maior conexão entre a organização, seus parceiros, equipe, fornecedores e usuários.

Considerando, portanto, as informações sobre os desafios gerenciais da empresa e os desafios do líder como um todo, no âmbito profissional e pessoal, espera-se auxiliar na busca de estratégias que possam gerenciar os riscos e solucionar problemas. Visão estratégica para a tomada de decisão baseada em evidências é necessária, como apontaram os líderes entrevistados pela pesquisa de tese de doutorado da Dra. Nazareth Ribeiro. A tese concluiu que reconhecer barreiras, limites e desafios ajuda a mudá-los, superá-los, solucioná-los, e identificar o conjunto de resultados que realmente importa para a empresa; pacientes, usuários e equipe e, então, buscar melhorar as estratégias de liderança para um sistema de saúde sustentável, melhorando, assim, o seu desempenho organizacional e a entrega de valor ao contexto de saúde.

A crise da Covid-19 mostrou a importância de colaboração entre os sistemas, seja ele a nível estadual ou federal. Também entre médicos e fornecedores, operadoras, pacientes e com o seu *staff*[1].

O Ring Newgotiation é uma maneira de compartilhar experiência para evitar que cada negociador queira reinventar a roda e retomar uma negociação de zero. Segue o livro *Platform Revolution*, que alerta para o fato de que se você pedir a ajuda do seu chefe, se buscar colaboração, existe 60% de chance de que ele tenha a solução e, se você perguntar para os seus colegas de trabalho *peer-to-peer*, essa chance cresce para 93% de se encontrar a melhor solução. Hoje em dia, não se pensa mais em formar um craque em negociação, e sim uma empresa negociadora que memoriza as negociações e permite aumentar a produtividade e probabilidade de fechar acordos consensuais.

O setor de saúde mostrou a sua vulnerabilidade durante a pandemia da Covid-19 entre as agências reguladoras, Anvisa, os governadores, os médicos, os pacientes, a mídia, o Governo Federal, Legislativo, Big Pharma e o STF. A falta de negociação entre os diferentes atores atrasou muitas decisões importantes que poderiam apontar para um desfecho menos trágico para todos nós. Foi muito mais um jogo de poder, arte da guerra, do que o jogo cognitivo de

---

[1] Equipe, funcionários.

boa-fé, baseado na gestão do risco, da informação e da tomada de decisão. Mais do que nunca, todo este resultado que estamos acompanhando mostra que devemos profissionalizar os negociadores.

Segundo o Programa de Negociação de Harvard, 93% dos executivos não têm formação em negociação, eles geralmente tomam decisões, de forma amadora, baseada na força, no poder sem respeito, no jogo político e, às vezes, até de forma maquiavélica, buscando assim, estilos de negociação como o ganha-perde, sem gerenciar riscos e sem se projetar para negociações duradouras. A Newgotiation mostrou a importância de se pensar no longo prazo, na integridade moral, no risco jurídico e médico. Saber calcular e precificar o risco tornou-se uma gestão moderna da responsabilidade e da confiança.

Todos sabemos que os gestores de saúde enfrentam pressões, do paciente, do governo, das operadoras, dos fornecedores, dos *players* concorrentes, da direção da organização para cortar custos, por ter padrões, métricas, controles.

A burocratização da medicina tirou a confiança e a personalização da relação médico e paciente, condição para uma assistência pautada na confiança, responsabilidade e entrega de valor para ambos.

Para isso, temos que criar condições de ter uma cultura organizacional que favoreça a liberdade de expressão, o uso pleno da técnica, prática e sensibilidade, que ofereça segurança emocional, que favoreça o aprendizado organizacional e que construa valor para todos.

Mostramos neste livro a importância de tornar o implícito explícito, de conhecer a linguagem da negociação com quatro etapas e dez elementos, além da tecnologia com o Ring que vem revolucionar a arte de negociar em rede. Como membro do Conselho do MIT Technology Review, o Professor Yann Duzert alerta para a importância de ajudar as organizações públicas e privadas a se tornarem empresas negociadoras. O livro do H. Movius e L.Susskind, *Empresa Negociadora,* mostrou como a transformação das organizações passa por decisões estratégicas e a necessidade de desenvolver organizações com governança colaborativa e cooperação entre os diferentes setores. Também, a busca do bem comum, do sentido, do porquê é a parte mais importante.

Como ter um acordo se não temos um acordo sobre a definição do problema? Muitas vezes, a negociação baseada nos interesses, na resolução de conflito de interesses, não tem consenso, pois fica politizada, polarizada, posicional "pegar ou largar", distributiva falando apenas do preço e não do valor. Por isso, o estilo, o jeito de falar, a empatia, construir um sistema de crenças e de valor se torna mais estratégico.

Estatísticas mostram que um CEO tem 80% de chance de perder o seu emprego dentro de quatro anos, muitas vezes, por não avaliar bem os riscos e não ter integridade moral. A negociação de politicagem, "lei de Gerson", malandragem, cinismo não vai permitir atrair os melhores talentos e vai ser cada vez mais vista como arriscada. O risco tem um custo, por exemplo, para buscar investidores, para ter investimento, apoiadores, para ter uma reputação e marca de confiança. Entramos na era da transparência, da gestão do risco, da elegância moral para atrair clientes internos e externos e para aderir os parceiros.

Durante a pandemia, toda a aceleração digital, que já vinha acontecendo nos últimos anos, foi intensificada, ganhou corpo e atingiu bastante o cenário das negociações em saúde no ambiente digital, o que fortalece ainda mais a visão de como é condição um gestor em saúde saber se posicionar com segurança e conteúdo nesse ecossistema, como mostra neste livro os cases aqui relatados e o tema telemedicina descrito pela Dra. Nazareth Ribeiro, uma especialista em negociação e mediação de conflitos em saúde.

A transformação digital na saúde traz automação de processos e metodologia ágil, implementando sistemas para solução de problemas. O que certamente impacta o modelo de negócios das empresas de saúde. Importante pensar na jornada do paciente em todo esse processo. A saúde vem redesenhando seus processos de forma ágil, especialmente durante a pandemia, devido a urgência em manter a entrega dos serviços no sistema de forma organizada e otimizada para ajudar não só na assistência, mas também no gerenciamento dos dados e tomada de decisão. Prontuário eletrônico, atendimento online, informação, logística, adesão ao tratamento e diagnóstico no ecossistema digital, enfim, muitas perdas todos nós tivemos durante a crise, porém, tudo o que a tecnologia e inovação trouxeram para a saúde neste período transformou e continuará mudando o cenário da saúde. Com isso, algumas discussões estão em pauta, como o modelo de remuneração, o formato e atendimento em telemedicina, a postura do profissional de saúde, o paciente no centro de tudo e principalmente como todos nós vamos lidar com isso no pós-pandemia, trazendo este valor agregado no momento de crise de forma humanizada para todos.

Ao final, é preciso encontrar o seu público, seus fãs, a sua clientela, que *bate o santo* com os seus valores e crenças, encantar seu paciente com uma experiência de valor. Se quiser mais segurança ou mais inovação, se quiser mais liberdade ou mais proteção. Quando você ama o que você faz, o tempo passa rápido, tudo é paixão, mesmo quando há problemas para resolver. Quando você não gosta, fica um tédio e cada problema se torna um estresse. A hora é de buscar temperança, ver o que o mundo espera de você, que contribuição você pode fazer para deixar um belo legado, um mundo melhor. Achar um sentido, achar hedonismo no prazer do debate, na franqueza amistosa, ter fumaça que transmita sua mensagem e debates calorosos, paz e rotinas simples, surpresas, menos burocracia e mais agilidade e, assim, encontrar mais fontes de encantos e de sentido.

Você pode passar em torno de 80% da sua vida negociando, por isso Newgotiation vem reencantar a arte de aceitar as diferenças, reconhecer o valor, buscar harmonia entre o bem comum e bem pessoal, tudo isso para construir um mundo mais saudável, mais sustentável, menos tóxico, um mundo mais encantador.

Além disso, precisamos atentar para a saúde física e mental do nosso leitor, daquele que tomará decisões importantes para a precaução da saúde da sociedade. Então alertamos, o autocuidado precisa ser priorizado, a saúde mental precisa ser parte importante no cenário da saúde. Já estamos nos deparando com um aumento crescente de sofrimento emocional que certamente vai explodir no pós-pandemia, caso o preconceito, a psicofobia (preconceito aos transtornos mentais e ao tratamento) não diminua. O ser humano é um ser holístico, precisamos olhar para ele desta forma e entendermos que buscar ajuda profissional, e cuidar-se é um sinal de inteligência, de buscar por se tornar uma pessoa melhor! A busca pelo equilíbrio, pelo autocontrole emocional é um constante investimento em nós mesmos e este *self control* impacta na hora da mesa de negociação e em nossa vida em geral, nossos relacionamentos saudáveis, nossa tomada de decisão, seja ela simples ou complexa.

Não sabemos em que momento estaremos vivendo quando você, nosso leitor, terminar de ler este livro. Nós, os autores, esperamos que a pandemia esteja controlada, que todos já tenham tomado a vacina e estejam prospectando um mundo melhor para todos! Vamos passar por tudo isto! Somos solidários a todos que perderam entes queridos durante a pandemia e a todos os profissionais de saúde que estão no front do enfrentamento da Covid-19, o nosso muito obrigado a todos vocês!

Esperamos que este livro o ajude a ser um Health Newgotiator, engajado com sua empresa, seu sistema de saúde, seu time e, principalmente, seu usuário que deve estar no centro de suas decisões, baseadas em valor, em evidência clínica, ética e científica, buscando sustentabilidade das decisões. Que todo este momento crítico, a qual todos nós vivemos, tenha nos tornado gestores, negociadores, profissionais, pessoas melhores!

Certamente, quando você estiver este livro em suas mãos, o cenário já será outro; provavelmente os conselhos regulatórios dos profissionais de saúde, como medicina, farmácia, enfermagem, dentre outros, já terão regulamentado a telessaúde, assim como fez o Conselho Federal de Psicologia muitos anos atrás com essa tomada de decisão, que viabilizou o atendimento remoto aos pacientes e, com isso, muitos ajustes serão feitos para atender a esse posicionamento. Naturalmente, com todas as dificuldades e crises pelas quais passamos teremos nos transformados, esperamos que, para melhor no futuro, porém, por hora, tivemos todos muitas perdas, não sabemos ao certo o momento em que estaremos vivendo quando este livro estiver sendo lido, será que a pandemia terá acabado? Esperamos que sim, e mesmo se tiver, o cenário de saúde cada vez mais complexo e competitivo precisará cada vez mais de profissionais firmes, com atitude, empáticos e solidários, mas que saibam tomar decisões em prol dos usuários e da sustentabilidade do sistema. São decisões que impactam a vida do outro, que, portanto, precisa-se de profissionais capacitados para tal. Nosso propósito com este livro é melhor preparar você, nosso leitor, para ser este tomador de decisões, e acreditamos que o uso da metodologia Newgotiation o ajudará a se sentir mais preparado para a mesa de negociações e, uma vez melhor preparado, o resultado será mais positivo!

Um olhar crítico e estratégico é condição para se manter no perfil de um Newgotiator, ter uma carreira sustentável, trazer melhores soluções e evoluir!

Cuidem-se!

Referências bibliográficas

ABBAS, A. E. *Next generation ethics:* engineering a better society. Londres: Cambridge University Press, 2020.

ARROW, K. J., ROSS, L., MNOOKIN, R. H., TVERSKY, A., DUZERT, Y. *Barreiras para resolução de conflitos*. São Paulo: Saraiva, 2011.

AXELROD, Robert. *The evolution of cooperation*. New York, Baric Books: 1984.

BEAUCHAMP, T. L. & CHILDRESS, J. F. *Principles of biomedical ethics*. New York: Oxford University Press, 2001.

BECKER, W. J., CROPANZANO, R., SANFEY, A. G. *Organizational neuroscience: taking organizational theory inside the neural black box.* Journal of Management, v. 4, n. 37, p. 933-961, 2011.

BOND, M. M. K., OLIVEIRA, M. S. D., BRESSAN, B. J., BOND, M. M. K., SILVA, A. L. F. A. D. & MERLO, A. R. C. *Prevalência de burnout entre médicos residentes de um hospital universitário*. Revista Brasileira de Educação Médica, 42, 97-107, 2018.

California Business and Professions Code Sections 2000 et seq. *Medical Practice Act.* https://law.justia.com/codes/california/2005/bpc/2000-2029.html. https://www.mbc.ca.gov/Enforcement/Disciplinary_Process.aspx

CESAR, A. M. R. V. C., VIDAL, P. G., PEREZ, G. & CODA, R. *Neuroaccounting: um modelo para análise do processo de tomada de decisão.* Contabilidade Vista & Revista, v. 23, n. 2, 131-162, 2012.

CIALDINI, R. *O poder da influência.* Rio de Janeiro: Alta Books, 2019.

CUDDY, A. *O poder da presença.* Rio de Janeiro: Sextante, 2016.

CURY, AUGUSTO. *Inteligência multifocal: análise da construção dos pensamentos e da formação de pensadores.* São Paulo: Cultrix, 2006.

Former Chief Justice Ronald M. George. October, 2001

DIXIT, Avinash; NALEBUFF, Barry. *Thinking strategically.* New York, W.W.Norton: 1991.

DUZERT, Y., SPINOLA, A. T & BRANDÃO, A. *Negociação empresarial.* São Paulo: Saraiva, 2009.

DUZERT, Y., ZERUNYAN, F., MORAES, M. *Newgociação para o setor público.* Rio de Janeiro: Alta Books, 2021.

DUZERT, Y., SIMONIATO, M., LEAL, D. *Conflito de interesses e sérum anticorrupção.* Rio de Janeiro: Alta Books, 2021.

DUZERT, Y., SIMONIATO, M. *Newgociação*. Rio de Janeiro: Qualitymark, 2018.

DUZERT, Y., SPINOLA, A. T. *Negociação e gestão de conflitos*. Rio de Janeiro: FGV, 2018.

Exodus 20:2-17 and Deuteronomy 5:6-21

Cooper, T.L. *The Responsible Administrator: An Approach to Ethics for the Administrative Role (Sixth Edition)* Jossey-Bass/Wiley (2012) https://www.medicinenet.com/hippocratic_oath/definition.htm

Fachinelli, A. C., ECKERT, A., NUNES, C. M. S. & MENEGOTTO, M. L. A. *Neurociência organizacional e gestão do conhecimento: um estudo bibliométrico das publicações em ciências sociais*, 2013.

Frank V. Zerunyan is a Professor of the Practice of Governance, Director of Executive Education and ROTC Military Programs at the University of Southern California. https://priceschool.usc.edu/people/frank-zerunyan/

GOLEMAN, D. *Trabalhando com a inteligência emocional*. Rio de Janeiro: Objetiva, 1999.

LEMPEREUR, A., SEBENIUS, J. & DUZERT, Y. *Manual de negociações complexas*. Rio De Janeiro: FGV, 2009.

LEMPEREUR, A., COLSON, A. & DUZERT, Y. *Método de negociação*. São Paulo: Atlas, 2009.

MOREIRA, V. L. A importância da inteligência emocional nas organizações. *Gestão e Desenvolvimento em Revista*, 3(1), 84-96, 2017.

MOVIUS, H. & SUSSKIND, L. *A empresa negociadora*. São Paulo: Campus, 2010.

O'CONNOR, S. D. Professionalism. *Oregon Law Review*, Oregon/CA, v. 78, n. 2, p. 385-391, 1999.

PRÉCOMA, D. B., OLIVEIRA, G. M. M. D., SIMÃO, A. F., DUTRA, O. P., COELHO, O. R., IZAR, M. C. D. O., ... & MOURILHE-ROCHA, R. Updated cardiovascular prevention guideline of the Brazilian society of cardiology. *Arquivos brasileiros de cardiologia*, 113, 787-891, 2019.

RIBEIRO, M. N. What are the management Challenges of Brazilian Healthcare Leaders? Tese (Doutorado em Business administration) Esc Rennes, Universidade na França. França, 2019. (acessar a tese no link: https://www.researchgate.net/project/Doctoral-thesis-defended-on-March-11th-2019)

Resolução, C. F. M. (2014). Nº 1931 de 2009. *Novo Código de Ética Médica. Bibliografia*.

Sartor, R. R. & Batti, L. D. S. Z. B. As contribuições da neurociência no processo de coaching. *Revista de Iniciação Científica*, 15(2), 102-115, 2017.

STOECKICHT, I., MALLMAN, D. O., MEN, J. C., DUZERT, Y. *Negociações internacionais*. Rio de Janeiro: FGV, 2014.

SUSSKIND, L., CRUICKSHANK, J. & DUZERT, Y. *Quando a maioria não basta*. Rio De Janeiro: FGV, 2008.

TIEPPO, Carla. *4 dicas da neurociência para melhorar a sua concentração*. 2015. Disponível em https://carlatieppo.com.br/conteudo/sala-de-leitura.asp?id=88. Acessado em 18 de agosto de 2016.

TSU, S. *A Arte da Guerra*. Rio de Janeiro: Sextante, 2000.

URY, W., PATTON, B., FISHER, R. *Chegando ao sim*. Rio de Janeiro: Sextante, 2014.

Índice

A

A Arte da Guerra 269-278
aceleração digital 261-278
A crise da Covid-19 258
A falta de negociação 258-278
Agradecimentos VII-20
a linguagem da negociação 259-278
amadora 259-278
anticorrupção 266-278
Apresentação 5-20
atendimento 261-278
atendimentos 255-278
autocontrole 263-278
autocuidado 262-278

B

Batna 123-196
bem comum 262-278
bem pessoal 262-278
Big Pharma 258-278
biomedical 265-278
brasileiros 268-278
Burnout 248
burocracia 262-278
Business 268-278

C

cardiovascular 268-278
carreira 256-278
carreira sustentável 264-278
cases 261-278
Cenário da Área da Saúde 21-28
CEO 260-278
científica 263-278
Científica 268-278
clientes 260-278

Clínica V-20
coaching 268-278
Cognição 202-228
colaborativa 260-278
competitivo 264-278
Concessão 212-228
Conclusão 44-50, 255-278
conflitos 265-278
Conselho V-20
Conselho do MIT Technology Review 260-278
Contabilidade 266
Contexto 200-228
contingência 255-278
cooperação 260-278
Covid-19 32-50, 255-278
crises 263-278
crítico 264-278
CUIDADO 43-50
Cuidem-se! 264-278
cultura organizacional 259-278

D

debates 262-278
Desenvolvimento 268-278
Determinando o Dilema: 67-196
dificuldades 263-278
diminuição 257-278
Dra. Nazareth 257-278

E

ecossistema 261-278
Educação V-20
emergencial 255-278
emocional 267-278
empatia 260-278
empáticos 264-278
empresa 268-278
enfermagem 263-278
estresse 262-278
Ética 268-278
Ética Médica 39-50
evolution 265-278
executivos 259-278

F

falha 39-50
falta 46-50
família 40-50
farmácia 263-278
front do enfrentamento 263-278
fundamental 44-50

G

generation 265-278
gestor 261-278
governança 260-278
governo 259-278

H

harmonia 262-278
Health Newgotiator 263-278
Health Professionals 18-20
hedonismo 262-278
holístico 262-278
home care 59-196
hospital 265-278
humanizada 261-278

I

influência 266-278
integridade moral 259-278
inteligência 263-278, 268-278
Inteligência multifocal 266-278
Interesses 203-228
interlocutor 257-278
internacionais 268-278
Introdução 13-20, 34-50
investidores 260-278
investimento 260-278
investimento em educação e saúde 28

J

Judicialização da saúde 190-196
jurídico 259-278
Justice 266-278

L

legado 262-278
lei de Gerson 260-278
livro 264-278
logística 261-278

M

Manual 267-278
Matriz de Negociações 71-196, 199-228
mediação 261-278
Medical 266-278
medicina 259-278
médicos 45-50
medo 23-28
mercado da área de saúde 25-28
Metas e sonhos em curto prazo: 67-196
Metas e sonhos em longo prazo: 68-196
metodologia 261-278
moral 260-278

N

Na prática 41-50
negociação 267-278
Negociação empresarial 266-278
negociações 264-278
Negociações Complexas 151-196

Neuroaccounting 266-278
Neurociência 267-278
Neuromarketing V-20
neuroscience 265-278
Newgotiation 18-20, 256-278
Newgotiation na Saúde 29-50
Newgotiator 32-50, 204-228, 246

O

O interesse público 35-50
Opções 206-228
organização 257-278

P

paciente 259-278
pacientes 258-278
Padrão/Critérios 207-228
pandemia 263-278
PANDEMIA COVID-19 e Eu 104-196
pensadores 266-278
Percepção da Realidade 203-228
PNL V-20
Poder 220-228
polarizada 260-278
politicagem 260-278
Ponto de Reserva 123-196
pós-pandemia V-20, 261-278, 262-278
Prefácio 1-20

preparado 264-278
Preparando a negociação 81-196
prevention 268-278
produtividade 258-278
Professor 267-278
profissionais 263-278, 264-278
profissionais de saúde VII-20
profissional 46-50
psicofobia 262-278
Psicologia V-20, 263-278
público 262-278

R

Referências bibliográficas 265-278
Relacionamento 213-228
remuneração 261-278
residentes 265-278
resolução de conflito 260-278
responsabilidade 259-278
Ring Newgotiation 258-278

S

saudável 262-278
saúde 261-278
saúde física e mental 262-278
segurança 261-278
self contro 263-278
setores 260-278
sistema 264-278

Sobre os autores V–X
sociedade 262–278
soft skills 257–278
solidários 264–278
SUS 26–28
sustentabilidade do sistema 264–278
sustentável 258–278, 262–278

T

técnica 25–28, 259–278
telemedicina 261–278
telessaúde 263–278
Tempo 208–228
Teoria dos Jogos 205–228
trabalho 258–278

transformação das organizações 260–278
transformação digital 261–278
transparência 260–278

U

universitário 265–278
usuários 264–278

V

vacina 263–278
vacinas 255–278

Z

Zopa 123–196

Projetos corporativos e edições personalizadas
dentro da sua estratégia de negócio. Já pensou nisso?

Coordenação de Eventos
Viviane Paiva
viviane@altabooks.com.br

Contato Comercial
vendas.corporativas@altabooks.com.br

A Alta Books tem criado experiências incríveis no meio corporativo. Com a crescente implementação da educação corporativa nas empresas, o livro entra como uma importante fonte de conhecimento. Com atendimento personalizado, conseguimos identificar as principais necessidades, e criar uma seleção de livros que podem ser utilizados de diversas maneiras, como por exemplo, para fortalecer relacionamento com suas equipes/ seus clientes. Você já utilizou o livro para alguma ação estratégica na sua empresa?

Entre em contato com nosso time para entender melhor as possibilidades de personalização e incentivo ao desenvolvimento pessoal e profissional.

PUBLIQUE SEU LIVRO

Publique seu livro com a Alta Books. Para mais informações envie um e-mail para: autoria@altabooks.com.br

/altabooks /alta-books /altabooks /altabooks

CONHEÇA OUTROS LIVROS DA ALTA BOOKS

Todas as imagens são meramente ilustrativas.

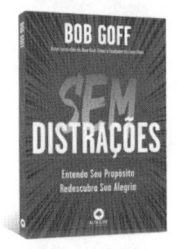

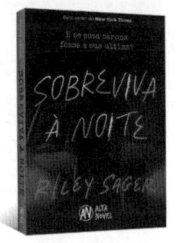

ALTA BOOKS EDITORA · ALTA LIFE EDITORA · ALTA NOVEL · ALTA CULT EDITORA
FARIA E SILVA EDITORA · Editora ALAÚDE · TORDESILHAS · ALTA GEEK

Este livro foi impresso nas oficinas gráficas da Editora Vozes Ltda.,
Rua Frei Luís, 100 – Petrópolis, RJ.